紧把园本之脉，贴地而行做课程

——幼儿园园本课程的实践与思考

李丽英◎主编

北京燕山出版社
BEIJING YANSHAN PRESS

图书在版编目（CIP）数据

紧把园本之脉，贴地而行做课程：幼儿园园本课程的实践与思考 / 李丽英主编. — 北京：北京燕山出版社，2020.12
ISBN 978-7-5402-5829-0

Ⅰ. ①紧… Ⅱ. ①李… Ⅲ. ①幼儿园—课程—教学研究 Ⅳ. ①G612

中国版本图书馆CIP数据核字（2020）第208251号

紧把园本之脉，贴地而行做课程：幼儿园园本课程的实践与思考

主　　编	李丽英
责任编辑	满　懿
出版发行	北京燕山出版社
地　　址	北京市丰台区东铁匠营苇子坑138号C座
电　　话	010-65240430
邮　　编	100079
印　　刷	北京政采印刷服务有限公司
经　　销	新华书店
开　　本	170mm×240mm　16 开
字　　数	221千字
印　　张	12.25
版　　次	2022年6月第1版
印　　次	2022年6月第1次印刷
定　　价	45.00元

编 委 会

主　编：李丽英

编　委：郭　玲　陈妍慧　黄建荣　金　成

序言

哲学家莱布尼茨曾说："天地间没有两个完全相同的东西。"世界上没有两片完全相同的树叶，也没有两个完全相同的人。教育的使命就在于促进人的健康成长和全面发展，并使人幸福地生活着。《国家中长期教育改革和发展规划纲要（2010—2020年）》明确指出："关心每个学生，促进每个学生主动地、生动活泼地发展，尊重教育规律和学生身心发展规律，为每个学生提供适合的教育。"著名教育家顾明远先生说："为每个学生提供适合的教育就是最好的教育。"可见，回归教育的本质，尊重教育规律和幼儿身心发展的规律，为每一位幼儿提供适合的教育，才是真正着眼于幼儿的健康成长和长远发展。

课程是教育的核心问题。课程设置与实施不当，不能够满足幼儿、家庭、社会的需求，也不符合幼儿园实际的话，必然会对幼儿园的各项工作造成不利影响。目前，在课程实施方面，幼儿园是没有统一的课程标准和教学参考的，更多的是遵循《幼儿园工作规程》《幼儿园教育指导纲要（试行）》（以下简称《纲要》）和《3—6岁儿童学习与发展指南》（以下简称《指南》）的精神，自主开发园本课程。

工作室团队的园所是一批办园条件优良、文化沉淀深厚的幼儿园。多年来，教育工作者们以"促进幼儿全面和谐发展"为己任，努力践行《纲要》《指南》的精神，并结合园所自身的办园条件、办园理念、组织文化、历史沉淀，努力开展园本课程的实践研究，让我们的课程更适合幼儿的发展。

课程是一种文化，各个幼儿园用不同的方式去演绎。《紧把园本之脉，贴地而行做课程——幼儿园园本课程的实践与思考》这本书，真实记录了工作室团队关于园本课程的研究阶段的进展和成果，凝结了各园所多年来付出的劳动和心血。

人间最美五月天，我们团队的书籍即将出版了，心中更多的是忐忑与不安，只因在探索课程园本化的道路上我们只是迈出了最基础的一步。今天，我们以文字的形式把多年的努力呈现在大家面前，希望大家在分享的同时给我们提出宝贵的建议，并诚恳地接受大家给予我们的指导。

最后，我们要真诚地感谢广东省教育厅和东莞市教育局一直以来对工作室的大力支持；感谢工作室团队的每一位园长和所在园所中的每一位教师，研究成果是所有园所集体多年的心血，没有他们的努力与付出，也不会有今天的收获；感谢多年来各个园所的历届幼儿和家长朋友们，我们能有今天的成就与他们的理解与支持密不可分。

李丽英

2020年5月10日

目录

第一章　绪　论 …… 1

第一节　背景及意义 …… 2
第二节　概念及特征 …… 4
第三节　基本理念 …… 8
第四节　园长在园本课程建设中的角色 …… 10

第二章　适合的才是最好的 …… 15

第一节　园本课程建设的概况 …… 18
第二节　教师与课程共成长 …… 29
第三节　与课程相适应的管理 …… 41

第三章　莞香文化背景下园本特色课程的建构与实施 …… 61

第一节　园本课程的缘起及意义 …… 64
第二节　园本课程建构的理论依据及概念界定 …… 67
第三节　园本课程的建构过程 …… 71
第四节　园本课程的组织实施 …… 78
第五节　园本课程的管理 …… 107

第四章　幼儿园生活化教育课程 …………………………………… 111

第一节　生活化教育课程建构的概况 ………………………………… 113
第二节　生活化教育课程体系 ………………………………………… 117
第三节　生活化教育课程管理 ………………………………………… 128

第五章　传承优秀文化　浸润美好心灵 ……………………………… 139

第一节　研究的背景、价值、意义 …………………………………… 141
第二节　研究的依据与核心理念 ……………………………………… 143
第三节　建构过程 ……………………………………………………… 145

第六章　幼儿园美术教育生活化的实践与研究………………………… 163

第一节　研究的概况 …………………………………………………… 165
第二节　生活化的美术教育目标及内容 ……………………………… 168
第三节　创设生活化的美术教育环境 ………………………………… 170

后　记………………………………………………………………………… 187

第一章

绪论[1]

幼儿教育的终极目标在于促进幼儿的发展。课程作为实现教育目标的载体，是促进幼儿发展的重要途径。

我们为什么不约而同地坚持开展园本课程研究呢？因为开展园本课程研究的过程也是落实办园思想、提高园长和教师专业水平、推进幼儿园园所文化建设的过程。

我们聚力于园本课程，从刚开始的陌生到置身其中各有体会和收获；我们一路摸索，一路累积，一路收获，一路慎思；这一过程是我们每一所园所的导引之路、转变之路和成长之路。

① 本章作者为广东省东莞市实验幼儿园李丽英。

第一节　背景及意义

随着《中共中央国务院关于深化教育改革全面推进素质教育的决定》的颁布，开始了构建我国“三级课程体系”的改革。三级课程管理体制的实施进一步促进了园本课程研究。2001年《幼儿园教育指导纲要（试行）》颁布，以幼儿园为基地进行园本课程的开发与研究逐渐成为热潮，有关园本课程的实践研究在校本课程研究的丰富土壤上迅速“成长”。

一、有利于促进幼儿的全面和谐发展

作为启蒙教育的幼儿教育，其目标必须定位于幼儿的全面发展。《纲要》明确指出，幼儿园教育应“关注个别差异，促进每个幼儿富有个性的发展”。可见，园本课程建设应始终以幼儿为核心，以促进幼儿的全面、个性、主动成长与发展为目标。园本课程的立足点在于各幼儿园的实际发展现状、幼儿现有的发展水平。因此，它与国家课程以及地方课程相比能够更充分地考虑到特定幼儿园和幼儿的特点与需要，能更好地促进幼儿个性的健康发展。正如中国学教育研究会前理事长虞永平教授所说的，“幼儿园课程建设是为了让课程更贴近幼儿的心灵，让幼儿园课程更适宜、更有趣和更有效”。

二、有利于促进幼儿园的内涵发展

园本课程正是深入贯彻落实《纲要》和《指南》精神，进一步提高办园质量的需求和表现。好的园本课程离不开好的办园思想的引领，同样，好的办园思想如果没有好的园本课程将理念转化到实践中，就只能停留在认识层面，幼儿园的可持续发展就会成为一纸空文。可见，园本课程的开发过程实际上是办园理念提升的过程，是幼儿园办园特色形成的过程，是幼儿园文化积淀的过程，也是教师专业化水平提高的过程。从这个角度看，探讨如何通过幼儿园园本课程的研究和发展促进教师专业素质的提高，从而带动幼儿园整体质量的提升，同样具有重要的意义。

三、有利于提升园长的课程领导力

幼儿园园本课程的持续发展需要园长课程领导力的不断提升。园长课程领导力是指园长在把握幼儿园课程内涵基础上，以本园幼儿身心发展特点和教师成长需要为出发点而对园本课程建设的领导能力。它包括引领、决策课程的能力，研究、建设课程的能力，组织、管理课程的能力。园长的课程领导力是园长专业能力的核心。幼儿园园长的课程领导力影响着幼儿园课程品质的提升，而幼儿园课程的品质影响着幼儿教育品质的提升。然而，当前幼儿园园长课程领导力的现状不容乐观，园长对课程领导力的意蕴充满困惑，且不能将课程领导力的理念融入幼儿园的实际工作。开发幼儿园园本课程是一个需要广泛的人力、物力资源共同参与的过程，是一个需要不断统筹协调、不断思辨的过程。而园长则是这个过程中不可或缺的核心人物。幼儿园课程的特殊性决定了园长的课程领导力是影响幼儿园课程领导的关键因素。因此，要通过对幼儿园园本课程开发的研究，不断加强幼儿园园长在课程领导力方面的理论素养，逐步明晰课程领导的角色任务观，从而促进幼儿园课程品质和教育质量的提升。

我工作室团队所在园所（东莞市实验幼儿园、寮步香市幼儿园、韶关市武江区新华幼儿园、东城第一幼儿园、南城尚城幼儿），都是办园条件优良、具有深厚教育和文化底蕴的幼儿园，拥有丰富的课程资源、深厚的课程积淀。多年来，我们一直努力实践《纲要》和《指南》精神，并结合园所自身的组织文化、历史积淀、办园理念、办园特色，努力开展园本课程的实践研究，初步形成了各自的课程文化。然而，随着《纲要》的深入贯彻执行、《指南》的颁发，幼儿园教育的内涵在扩展，课程研究的深度和广度在延伸，新的发展形势下的新问题也在不断出现，幼儿园面临一个新的发展平台，我们的课程研究面临新的抉择和挑战。因此，工作室成立后，把深入研究园本课程作为切入点，以课题“幼儿园园本课程开发的实践研究”的实施和研究进一步树立和明确各园所的核心课程理念，挖掘和整合幼儿园的各种课程资源，形成和发展幼儿园园本课程，促进幼儿的全面和谐发展，促进幼儿园的可持续发展。

第二节 概念及特征

一、课程的概念

各个学者因为有不同的课程观、知识观、教育观、社会观、哲学观乃至学生观等，所以给课程以不同的定义。1991年出版的《简明国际教育百科全书·课程》中曾列举了九种课程定义。①

（1）为了训练集体中的儿童和青年的思维与行动方式所建立的一系列可能是的经验。这套经验被看作课程。（Smith et al.，1957）

（2）学生在学校指导下所获得的全部经验。（Foshay，1969）

（3）课程是一般性的整体内容计划或特定的教材，学校应该提供给学生，以便他们能合乎毕业资格、获得证书或进入专门职业领域。（Good，1959）

（4）课程是一种方法论的探索，它要探明被看作学科要素的各个方面，即教师、学生、科目和社会环境。（Westbury and Steimer，1971）

（5）课程是学校的生活与计划……一种有指导的生活事业；课程成为承担人类生活的奔腾不息的活动长河。（Rugg，1947）

（6）课程是一种学习计划。（Taba，1962）

（7）课程是为了在学校帮助下使学生的个人和社会能力获得不断的、有意义的发展，通过知识和经验的重建而形成的有计划和有指导的学习经验以及预期的学习结果。（Tanners，1975）

（8）课程基本上必须包括五大领域的严格学习：①掌握母语并系统学习语

① 江山野. 简明国际教育百科全书·课程［M］. 北京：教育科学出版社，1991：64.

法、文学和写作；②数学；③科学；④历史；⑤外语。（Bester，1955）

（9）课程被认为是有关人类经验的日益广泛的可能的思维方式——不是结论，而是结论产生的方式以及建立这些结论即所谓真理并使之发挥效用的背景。（Belth，1965）

"课程"这个词在我国古籍中也早有记载，在现代《中国百科全书教育》一书中，"课程"是指"所有学科（教学科目）的总和"，或指"学生在教师指导下各种活动的总和"[①]，而幼儿园的课程就是一日活动的过程和途径。

在西方的教育史上，"课程"一词最早出现在英国教育家斯宾塞的《什么知识最有价值》一书中，意为"跑道"（race course）。根据这个定义，课程是指"学习的进程"，简称"学程"。既可指一门学程，也可指学校提供的所有学程。现代课程之父泰勒则把"学习经验"看作课程的基本成分。[②]美国课程专家古德莱德等人则提出了五种不同的课程解释。事实上，不同的角度就会有不同的课程定义，"都指向当时特定社会历史条件下课程所出现的问题，所以都有某种合理性，但同时也存在着某些局限性。而且，每一种课程定义都隐含着作者的一些假设和价值取向"。[③]

二、幼儿园课程的概念

按照全美幼教协会的解释，幼儿园课程是指"一种有组织的框架，它描述了儿童学习的内容、儿童达到规定课程目标的过程和教师为帮助儿童达到这一目标所承担的责任，以及教与学所发生的环境"。幼儿园课程泛指为学前儿童设置的，并区别于其他教育机构的教育课程的系统。[④]

现代课程论认为："课程是教育目标借以落实到受教育者身上的中介。"幼儿园课程则是幼儿园培养目标所采取的一切教育措施（包括教育目标、内

①《中国大百科全书》编辑委员会.中国大百科全书（教育卷）[M].北京：中国大百科全书出版社，1985：207.

② 崔允漷.校本课程开发：理论与实践[M]. 北京：教育科学出版社，2001.

③ 施良方.课程理论：课程的基础、原理与问题[M].北京：教育科学出版社，1996：8.

④ 李云淑. 关于园本课程、课程园本化、园本课程开发等概念的辨析[J]. 上海教育科研，2008（11）80–82，62.

容、手段以及教育过程的组织、实施等）的总体结构。

冯晓霞教授对幼儿园课程的定义为：幼儿园课程是实现幼儿园教育目的的手段，是帮助幼儿获得有益的学习经验，促进其身心全面和谐发展的各种活动的总和。①

三、幼儿园园本课程的概念

园本课程（Kindergarten-based Curriculum）作为一个术语是从校本课程（School-based Curriculum）借鉴而来的。所谓校本课程，也称学校本位课程，指的是以学校为基地进行课程开发的过程。而园本课程即以幼儿园为基地进行课程开发的过程。园本课程是在幼儿园之“本”上建立起来的课程，这里的“本”就是指幼儿园的基础和现状，包括本园幼儿发展的现状、现实的需要、发展的特点、园风、园长、教师的状况、社区的状况、家长的状况等。因此，园本课程是从幼儿的实际出发构建的课程。园本课程是以法律法规及相关政策为指导，以幼儿园现实的环境和条件为背景，以幼儿现实的需要为出发点，以幼儿园教师为主体构建的课程。其中，适宜性是园本课程最根本的特性。

南京师范大学虞永平教授对幼儿园园本课程的定义为：园本课程是指在幼儿园现实的根基上生长起来的，与幼儿园的资源、师资等条件相一致的课程。②

综合以上观点，本研究把园本课程定义为：幼儿园以《纲要》和《指南》精神为依据，从幼儿园的教育理念及办园宗旨出发，基于幼儿园具体实际情况，如办园条件、师资水平、教育资源等，为幼儿设计和组织有益于其身心和谐发展的课程部分或全部重组并加以实施的课程实践活动。

四、幼儿园园本课程的特征

（1）一致性。园本课程是以尊重国家的相关法律、法规为前提的，以国家的教育目标和党的教育方针政策为指导，与国家课程、地方课程在总体目标上是一致的。《纲要》中明确指出：“教育活动的组织与实施过程是教师创造

① 冯晓霞. 幼儿园课程［M］. 北京：北京师范大学出版社，2001：14

② 虞永平. 试论园本课程的建设［J］. 早期教育，2001（8）：4-6.

性地开展工作的过程。教师要根据本《纲要》，从本地、本园的条件出发，结合本班幼儿的实际情况，制定切实可行的工作计划并灵活地执行。”因此，幼儿园在开展园本课程时，要以《纲要》为准则，以本地、本园的具体情况为条件，以创造高质量的幼儿教育为理想，以此来实现园本课程的实践和研究。

（2）以幼儿为本。我国《幼儿园工作规程》早已明确规定“促进幼儿身心和谐发展”是幼儿园的首要任务，因此，以幼儿为本、关注幼儿的学习与发展是幼儿园课程建设的根本出发点。《纲要》中也指出：幼儿园教育应尊重幼儿的人格和权利，尊重幼儿身心发展的规律和学习特点，以游戏为基本活动，保教并重，关注个别差异，促进每个儿童富有个性地发展。幼儿在园本课程中处于核心地位，园本课程的出发点和终极目标就是幼儿富有个性地、全面地、主动地成长。

（3）以幼儿园为本。《纲要》赋予了幼儿园全面开发适宜本地、本园课程的权利。幼儿园园本课程是以尊重差异，满足不同地方、不同幼儿园的需要为前提的，它立足“园本”，体现每一所幼儿园都能追求和展现自身独特的个性。“园本”即以园为本，以幼儿园为基地，即充分考虑幼儿园的物质条件、幼儿园所处的区域条件、幼儿园性质（公办、民办等）、办园规模、班额、幼儿园文化、园长条件（园长的专业水平等）、教师条件（教师的学历、特长、专业水平、年龄等）、幼儿条件（不同年龄段幼儿的身心发展特点、幼儿所受的家庭教育水平等）、幼儿家长条件（家长的职业、学历、经历等）等，因此，园本课程是在幼儿园内部逐渐生长起来的课程。

（4）以教师为主体。幼儿园园本课程的建设以教师参与为主体，需要教师从原来的课程实施者转变成园本课程的编制者、实施者和评价者，改变传统的角色，成为幼儿园教育活动的主体。教师的素质决定着园本课程的构建水平。教师的素质包括教师的职业道德、知识水平、技能水平、教育理念和教育能力，作为课程构建者的教师，还应具备研究能力和反思能力。构建园本课程，必须考虑教师的素质，建立终身学习的教师教育机制，通过师范教育、在职教育、职后培训等形式，更新教师教育观念，推进教师专业认知，全面提升教师的教学水平与教学效能，促进教师研究能力与反思能力的发展，使教师成为研究型、反思型教师。

（5）生成性。虞永平认为，园本课程不只意味着一个课程方案，它还意味着一个逐步建设、逐步完善的过程；也是一个各种课程资源得到开发、利用的过程；还是一个幼儿园课程自身的特点不断彰显、幼儿园特色日渐鲜明的过程。各幼儿园可以根据本园的师资条件、幼儿园环境对幼儿园的课程进行选择、改编、整合、补充、拓展，因而园本课程处于一个不断丰富和完善的动态过程中。可见，园本课程是动态生成的，是一个不断调适、创新和完善的动态过程。

第三节　基本理念

一、完整性

《幼儿园工作规程》对我国幼儿园的任务做了规定，文件指出：“贯彻国家的教育方针，按照保育与教育相结合的原则，遵循幼儿身心发展特点和规律，实施德、智、体、美等方面全面发展的教育，促进幼儿身心和谐发展。”《幼儿园工作规程》同时也对幼儿园保育和教育的主要目标做了规定，即“促进幼儿身体正常发育和机能的协调发展，增强体质，促进心理健康，培养良好的生活习惯、卫生习惯和参加体育活动的兴趣；发展幼儿智力，培养正确运用感官和运用语言交往的基本能力，增进对环境的认识，培养有益的兴趣和求知欲望，培养初步的动手探究能力；萌发幼儿爱祖国、爱家乡、爱集体、爱劳动、爱科学的情感，培养诚实、自信、友爱、勇敢、勤学、好问、爱护公物、克服困难、讲礼貌、守纪律等良好的品德行为和习惯，以及活泼开朗的性格；培养幼儿初步感受美和表现美的情趣和能力”。[①]因此，我们在进行园本课程实践与研究时必须考虑园本课程的完整性，更应重视幼儿的年龄特点和个性差

① 幼儿园工作规程.［EB\OL］.https：//baike.so.com/doc/5406878-5644766.html//

异，注重培养“完整的儿童”。我们不仅要注重幼儿身心健康和全面发展，而且要注重培养幼儿终身学习的基础和动力，为幼儿一生可持续发展奠定基础。

二、主体性

主体性指幼儿是活动的主体，是发展的主体。虞永平曾说过：“园本课程可以多样化，但核心的标准是共同的，那就是最有利于幼儿的全面和谐发展。”[①]《纲要》更是鲜明地体现了“以幼儿发展为本”的理念。因此，我们进行园本课程实践的理论基础是以幼儿为中心，强调幼儿的需要，提倡因材施教、个别化教学，强调幼儿的多元化发展，重视幼儿的积极主动参与、合作伙伴互动等。

三、生活性

杜威曾说过：“教育应当是生活本身，而不是生活的准备。”学前儿童的思维方式以具体形象思维为主，他们的认知以直接经验为主，更加适合直观的、体验的、探索的、尝试错误的学习方式。幼儿身心发展的特点决定了幼儿园课程的生活化。因此，在课程的组织与实施中，我们更应尽可能地贴近幼儿的生活，使幼儿处于真实的问题情境中，充分挖掘其已有经验，促进幼儿在原有的基础上不断发展。而我们的园本课程极具生活化色彩，它扎根于幼儿的生活世界，在生活中形成，又融于生活。园本课程中的每一个教育活动都源于幼儿实实在在的生活，同时它照顾幼儿的体验、需要、兴趣，使生活成为幼儿的课程。

四、园本性（适宜性）

《纲要》中指出：“教育活动的组织与实施过程是教师创造性地开展工作的过程。教师要根据本《纲要》，从本地、本园的条件出发，结合本班实际情况，制定切实可行的工作计划并灵活地执行。”可见，每所幼儿园都具有各自不同的教师、幼儿、家长、幼儿园发展历史、发展现状和发展目标，它们所在

① 虞永平. 园本课程建设之我见［J］. 幼儿教育，2004（9）.

社区也都各不相同。幼儿园园本课程建设是幼儿园课程建设的发展要求，而“园本”就是以园为本，以幼儿园为基地来进行课程建设。园本课程建设要以幼儿园的现实情况为依据，从实际出发，尊重差异、因地制宜，以幼儿园的实际需求为前提，在课程建设中反映出本园的特色和本地区的文化底蕴，并且通过园本课程建设展现自身独特的个性。

五、理论与实践相结合

幼儿园园本课程建设一定要在理论的指导下进行。在园本课程实践中必须找到一个适宜的理论做支撑，以真正凸显园本课程的本质内涵。然而，园本课程在更多意义上是一种课程实践；实践和理论之间始终存在着相依相随的关系。工作室团队的园所园本课程建设展现了基于理论指导下的以教师为主体的实践研究，以及教师在实践中的创新和成长。

第四节　园长在园本课程建设中的角色

课程是幼儿园文化的有效载体，是幼儿园内涵有效发展的根基。《幼儿园园长专业标准》把“领导教学”作为园长的专业职责之一，对课程的领导是园长专业素养的核心内容。幼儿园课程不同于中小学课程，因此相对于中小学的校长，幼儿园园长在课程管理中拥有更大的资源和权责，担负着领导幼儿园课程发展的角色和任务。可见，幼儿园课程的特殊性决定了园长的课程领导力将是影响幼儿园课程领导的关键因素。有效的课程领导力是对园长课程整合与开发能力的考验，也是对园长“教育者”角色的最好诠释。课程领导力需要园长实现教育者、领导者和行政者三重角色的整合。在这一过程中，园长自身的知识素养、能力结构以及人格特质都面临新的挑战与要求。

工作室团队中的园长多年来引领着所在幼儿园进行园本课程的实践与研

究。在实践过程中，我们深刻地体会到：在园本课程建设中，园长的课程管理与课程领导角色直接影响课程建设的效果和质量，而园长的课程领导角色又与其自身的专业素养和个性特征密不可分。可见，园长的课程管理和课程领导力的形成需要大家投入毕生精力去不断研究、学习和提升。因此，在实践中，大家非常注重不断调整自己的角色定位，通过不断学习提升自身的专业素养。在园本课程建设过程中，园长要扮演好以下的角色。

一、做课程愿景的建构者

愿景是凝聚一定意义和价值的个人或群体发展的目标导向，课程愿景是全体教职工对本园课程发展的共同愿望和设想。园本课程的重要内涵之一就是着眼于幼儿园幼儿的需求、课程资源、发展方向的实际以及幼儿园的现实条件和办园水平等。因此，在园本课程建设之初，园长作为课程的领导者，必须先对幼儿园的整体情况和课程发展的现状做出全面和客观的分析，从而结合当下幼儿教育存在的突出问题，立足幼儿园的现状，思索园本课程建设的方向，带领教师寻找适合本地区及本园情况的课程模式，与教师一起形成园本课程建构的共同愿景。日常工作中，园长还需与教师交流关于课程的设想和价值取向，引导教师共同创建彼此认同的愿景，以使教师的个人目标能够和幼儿园的愿景目标统一协调起来，驱动成员内心的发展动力。

二、做课程实施的引领者

园长身兼管理者、组织者、教育者、协调者、指挥者、服务者等多个角色。在园本课程的实施中，园长的角色更应是引领者，通过自身的专业精神、专业知识、专业技能等影响和引领课程实施的全过程。园长通过建立课程领导小组，进行课程权力下放，相信并赋予教师课程探索与实践的能力和权力，进而再由团队成员民主进行课程实施、决策与评价；在课程专业指导的过程中，园长还始终发挥着“隐性”引领者的角色，通过为教师搭建各类学习成长平台、提供实践的机会，引领教师形成先进的教育观念，围绕实践中的真实问题开展研究，促进教师专业素质的提升；园长还以人文关怀者的角色尽可能地思考和满足各类人员的需求，将教学、科研、培训一体化，为每一位教师量身打造适宜的培训发展内容，引领整个教师团队体验教育的幸福感与团队的满足感，形成较强大的凝聚力。

三、做课程资源的整合者

课程资源是幼儿园课程实施的重要载体和实现条件，幼儿园课程资源的开发和利用是幼儿园课程改革的重要内容。“没有资源就没有真正的幼儿学习活动。幼儿的学习，是在不断地与适宜的资源相互作用过程中进行的，只有这样，才能真正建构自己的内部经验。”①在园本课程建设中，园长是课程资源的整合者。园长在课程建设的过程中，通过挖掘、整合、利用园外的课程资源，以整合不同的教育资源，特别是重视利用自然环境和社会（社区）课程资源，丰富幼儿园的教育活动，促进幼儿的终身发展。

四、做课程总结的提炼者

园长只有成为课程总结的提炼者，才能归纳梳理出课程构建与研究的阶段成果，才能提升课程的有效性与适宜性，才能促进课程不断走向完善和发展。园长要及时把课程研究过程中做得好的、符合《纲要》《指南》精神的、有成效的、值得保留和推广的、有价值的经验和理念进行整理和总结，厘清课程研究的思路，审议课程研究的方向，尤其要不断总结，适应时代的变迁，吸纳有利于幼儿园课程建设的各种积极因素，及时调整实施策略和方案，以期课程不断丰富和完善。

五、做课程文化的营造者

虞永平教授指出：“课程文化是一个对课程全方位透析和关注的视角，也是一个浸润于整个课程之中的关键元素。”②课程文化正在成为一种自主、自律、自为的教育文化，成为幼儿园文化的内核。课程文化的形成需要艰辛的沉淀和积累，这个沉淀和积累必须是全体成员经过认同、实践、创造和反思后的

① 汪丽. 田野课程——架构与实施［M］. 南京：南京师范大学出版社，2008：259.

② 虞永平. 试论幼儿园课程文化建设［J］. 教育导刊，2008（1）：4–7.

感性体会和理性认识。园长是课程文化的营造者，需要在人力、物力、财力上给予必要的支持，其中人力的支持尤为重要。因此，园长更应致力于营造民主、开放和合作的课程建设氛围，花更大的力气通过培训或其他形式，让全体成员感受到园长对他们的深层长远的关心，从而产生信任感。

第二章

适合的才是最好的[①]

——东莞市实验幼儿园融合性园本课程的实践探求

《关于深化教育体制机制改革的意见》提出，要“营造健康的教育生态，大力宣传普及适合的教育才是最好的教育、全面发展、人人皆可成才、终身学习等科学教育理念”。

亚里士多德曾说过：“教育必须基于三个原则：中庸、可能和适当。”

东莞市实验幼儿园提出“适合的才是最好的”，是“以人为本”、“因材施教”理念的生动体现。诚然，没有一种一成不变的课程可以完全适合不同背景下的幼儿园。适合的课程才是最好的课程，是以幼儿为本、以幼儿园为本的课程。自开园伊始，东莞市实验幼儿园就以开放的视野，将多元文化、优势教育资源不断融入课程建设中，逐步建立并不断完善适合本园及本园幼儿的课程。

① 本章作者为广东省东莞市实验幼儿园李丽英。

东莞市实验幼儿园简介

【创办历程】

东莞市实验幼儿园创建于1998年10月，是一所由东莞市教育局直属管理的全日制公办幼儿园。幼儿园现有莞城、雅园新村两个园区，共设21个班，是一所引领全市、辐射全省乃至全国的省级示范性幼儿园。

【基本情况】

莞城园区：1998年10月开办，地处莞城中心区。园区占地面积3193平方米，建筑面积5513平方米，设9个班。

雅园新村园区：2018年9月开办，地处南城雅园工业园区。园区占地面积4477平方米，建筑面积6000平方米，设12个班。

【设施设备】

两园区园舍造型儿童化，布局合理，场地宽敞，环境优美，设施设备先进完善，创新性地开辟和创设各类功能室，如多功能音乐厅、彩墨画工作坊、建构游戏活动室、游戏材料室、电子阅览室等，各种设施设备齐全、优良，办学条件优越。

【师资队伍】

幼儿园拥有一支学历高、教育理念新、师德修养好、专业能力强的师资队伍。教师100%本科以上学历，其中有近十名阳光刚毅的男教师。园内有省市名园长工作室主持人1人，市教育家培养对象1人，市名师工作室主持人3人，市名师培养对象4人，全国省市优秀教师13人，省市学科带头人5人。

【园所文化】

幼儿园以科学发展观统领各项工作，坚持以师幼发展为根本，以优质保教为中心，以科学管理为保障，充分展现“以人为本、和谐发展”的办园理念和“乐融”的园所文化，凸显“适合孩子的才是最好的”融合性园本课程特色，多次获得各级行政、教育部门的荣誉表彰。同时，敞开园门迎接八方来客到园交流参观，以软实力赢得了优良声誉。

近年来，幼儿园尊重幼儿的学习方式和特点，以游戏为幼儿的基本活动，把省立项课题“幼儿园民间体育游戏课程的实践研究”和省实验项目“融合性园本课程的实践与探索”、“幼儿园开展传统文化教育的策略研究”作为龙头，进行了支持幼儿学习与发展的三级（省级、市级与园级）课题研究，在游戏、运动、学习等方面大胆实践，深入探索促进3~6岁幼儿学习与发展的策略，精心设计有利于弘扬中华传统民族文化与鲜明时代精神的游戏和主题，着力打造快乐、关爱、融洽的童年精神乐园，在实践中贯彻《纲要》和《指南》的先进理念。

【办学特色及成果】

历经二十一载，幼儿园取得了丰硕成果，积淀了深厚的文化底蕴，形成“环境教育”、“开放管理”、“融合性园本课程”、“科研先导”、“科学膳食”、“家园共育”六大特色品牌，先后获得联合国教科文组织成员学校、全国绿色学校（幼儿园）创建活动先进单位、全国绿色学校校园环境管理项目优秀学校、广东省一级幼儿园、南粤女职工文明岗、广东省绿色幼儿园、省市幼儿教育实验基地、广东省特级档案综合管理单位、广东省基础教育研究实验基地学校、东莞市文化建设标兵单位、东莞市语言文字规范化示范幼儿园等荣誉称号。

开园伊始，幼儿园坚持走科研兴园之路，以课题研究为载体，以科研与教研、科研与培训、科研与师资队伍建设、科研与课程建设的有效对接为落脚点，把教育科研作为可持续发展的增长点，成就教师，发展幼儿，提升幼儿园的内涵。本园先后开展了国家级课题1项、省级课题5项、市级课题11项，园级课题4项，课题成果分别荣获省市科研成果奖。参与3项省级幼儿园教材的编写，出版编印专辑27册，获奖发表论文约200篇。

东莞市实验幼儿园以显著的办园业绩成为省市级实验园和示范园，在东莞市乃至全省担负起实验、示范的重任和发挥着辐射的作用。

第一节　园本课程建设的概况

近年来，随着人们对幼儿园课程及其影响的日益重视与关注，幼儿园课程的理论与实践研究在不断深入。尤其是自《幼儿园教育指导纲要（试行）》颁布以来，以幼儿园为基地进行园本课程的开发与研究成为当前幼儿园课程改革的重要途径。然而，园本课程的开发与研究应该是一个动态、发展的过程，是一个在实践中不断生成变化的过程。因此，好的园本课程只有不断调整发展、保持动态平衡，才能满足不同幼儿不断发展的各种需求。

一、园本课程构建的历程

我园作为东莞市的幼儿教育实验基地，对于幼儿园课程的探索自开园至今已有多年，始终坚持以建立符合幼儿身心发展要求的园本课程为研究中心，开始了艰辛而又愉快的园本课程构建的漫长探索旅程。整个课程建构过程，是我园贯彻落实《幼儿园工作规程》《幼儿园教育指导纲要（试行）》《3–6岁儿童学习与发展指南》精神的过程；也是我园吸收和借鉴国内外相关课程模式并使之园本化的过程；更是教师不断摸索，不断研究幼儿、研究教学、研究课程的过程。园本课程研究是从“模仿”、“借鉴”和“融合”这三个关键元素开始的，在实践中不断检验发展，大致可以划分为三个阶段。

（一）第一阶段：1998年10月—2001年7月，奠基阶段

1998年，我园成立，在成立之初并没有园本课程。随着《幼儿园工作规程》的颁发，幼儿园课程改革已成为当时幼儿教育界的热门话题，人们意识到了对课程模式的选择，决定着幼儿园的办园思想。有“实验基地”身份的我园同样面临着这一选择。面对思想空前活跃、课程模式多样、主张和见解各异的情况，向书本学习无疑是直接可行的途径。于是，我们开始大量阅读书籍，通过学习模仿书本上的经验来试探性地进行课程研究，搜集国内外幼儿教育先进的理论资讯，开阔管理者和教师的眼界，在不断模仿和实践中学习和积累经验。

在园本课程探索起步之初，我们针对本园幼儿的特点开展了一系列单项改革研究，如先后进行了市级课题“幼儿德育教育的途径”、“培养幼儿自主动手操作能力的创新研究”、“营造宽松、和谐、自主的进餐环境，促进幼儿身心发展的实践”等研究，对幼儿自主动手能力的培养、主题活动的开展、幼儿成长档案的建立、幼儿的观察记录等方面进行了实践探索和研究，积累了促进幼儿全面和谐发展的初步经验。我们这些“新手”幼教者也在种种思想的碰撞和激荡中向前行进，逐步更新观念，并将观念转化为教育实践，使教育实践有了新的起色；也就是这种模仿学习、积累经验为园本课程的萌芽奠定了基础。

（二）第二阶段：2001年9月—2006年7月，雏形阶段

2001年9月，由教育部颁发的《幼儿园教育指导纲要（试行）》开始试行，作为实验基地的我们陷入了深深的思考：《纲要》的精神是什么？《纲要》会给我们带来什么样的冲击？《纲要》会给我们的课程探索带来什么样的帮助和指导？怎样才能将我们的课程探索之路走通、走宽、走远、走出自己的特色？这些问题已成为我们亟待解决的关键问题。带着这些疑问，我们开始寻找新的研究思路。

在总结开园三年来课程建设工作经验的基础上，我们认真地对照学习《纲要》精神，审议课程研究与《纲要》精神一致和不一致的地方，反思课程建构中存在的问题，并在借鉴融合的基础上，提出了“课程实施园本化”的新理念。“课程实施园本化”即在已有的课程实施中，根据本园的实际情况，加入自己对课程的理解和改编，创造性地运用课程，使之更能适合自己的教育对象，从而更好地促进幼儿的和谐发展。这才是我们要做的，也是符合实际的。

我们在园本课程的构建过程中，在经历了“脚踩西瓜皮滑到哪算哪”的混沌期和不断审视反思后借鉴融合的“摸着石头过河、小试牛刀”的试探期后，幼儿园课程整体改革取得了新的进展，从预设课程到生成课程，从自上而下的执行计划到自下而上的制定计划，从没有目标的教研到针对问题进行教学研讨，使幼儿园教育得到提升。期间，我们始终把“促进幼儿全面发展”作为课程的出发点和归宿，围绕课程建设先后开展了两个市级课题的研究“融合性园本课程的探求”、“开放式园本管理的探索”，积极探索适合本市、本园幼儿身心发展规律的教育目标、内容、途径和方法。依据《纲要》的精神，结合本市、本园的实际情况，我们提出了园本课程的核心理念——“融合”，开始从课程建构的依据、目标、内容、途径、原则、评价等方面，全面思考园本课程建构体系，初步绘制出了园本课程建构的网络图。“融合性园本课程”正是在对《纲要》的不断解读和实践中萌发的。

（三）第三阶段：2006年7月至今，园本课程成形阶段

课程研究经过多年的磨砺，初步完成了课程体系的整体架构，积累了比较丰富的实践经验，为课程的深入研究奠定了比较坚实的基础。但是，随着《纲要》的深入贯彻执行，幼儿园教育的内涵在扩展，课程研究的深度和广度在延伸，新的发展形势下的新问题也在不断出现，幼儿园面临一个新的发展平台，我们的课程研究面临新的抉择和挑战。例如，怎么在“借鉴”和“模仿”中走自己的路？怎样解读融合性课程的教育取向？怎样理解融合性课程的依据、目标、内容、形式、评价等系统之间的内部联系？怎样界定教育价值？这些问题使园本课程的研究遭遇瓶颈，一时难以突破。

对此，我们采取了如下策略。

（1）坚持人本。

坚持以幼儿为本，以教师为本，双本成了幼儿园工作的出发点和归缩点；构建起具有园本特色的开放式管理模式，从管理者的管理理念、管理机制、管理风格入手，为课程的研究提供充足的探究空间，让课程成为整个幼儿园的核心支柱；转变管理职能，实行“放权”，把管理重点放在给予支持和服务上，支持教师的自我管理，服务教师的发展需求；建立了“年级教研组—阶梯教研组—课题教研组—园教研中心组”四级研修小组，制定了整套符合教师发展的日反思制、周活动制、月专题培训制、学期成果展示制四项研修制度，通过专家引领、专题互助式研讨、案例会诊、常态课研磨等方式，促进教师团队的专业成长；课程始终坚持以幼儿的发展为根，以追求自我发展为主线，以幼儿的学习兴趣和生活经验为基点，以融百家之长、多元文化为我所用为路径，积极探索“渗透性”和“主题性”相融合的园本课程模式，初步形成“以主题探究活动课程为载体，渗透学科、活动、隐性课程”的课程模式。园本课程的建设正伴随幼儿的发展、教师的发展和幼儿园的发展而不断走向科学、完善。

（2）坚持借鉴。

从1998年建园以来，作为一所基层幼儿园，我园不具备独立开发课程的基础能力，有的只是我们对课程研究的执着信念和向往。开展课程研究的权宜之计，就是在“借鉴”他人研究成果的基础上开展实践性研究，利用他人之长建构我们自己的经验，这样才能使课程有发展的根基和前景。只有站在巨人的肩膀上去观察世界，借鉴他人的教育理念来转变我们的教育观念，借鉴先进的课程经验来完善我们的实践行为，借鉴他人的经验建构我们自己的经验。借鉴不代表生搬硬套，不代表“兼收并蓄”。面对众多的研究成果和经验，我们在广泛学习、研究的基础上，结合本园、幼儿、教师、家长以及社会的实际情况，结合我们自身具备的已有经验、研究基础和教育资源，再经过斟酌，选择性地借鉴对我们的课程研究有价值的、被我们认同的经验。融合性课程对于先进的教育思想、优秀的教育成果的借鉴吸纳从来没有停止过，对于自身发展过程中的实践、创新、反思、提升也从未停止过。因此，在“学习—借鉴—融合—创造—实践—反思—总结”的循环研究中，园本课程的研究得到了长足发展。

（3）坚持反思。

我们认真对照《纲要》精神，遵循反复审议、斟酌、修改和完善课程建构的思路。伴随着研究的不断深入，我们对融合性课程的认识由粗浅到深刻，发生了质的变化；我们的实践研究也经历了由外在形式上的融合，到理念、行为、文化的融合。作为东莞市的幼儿教育实验基地，我园始终把“促进幼儿全面发展”作为课程的出发点和归宿，2002年结合我市文化经济走向多元化与融合性的特点，提出了“融合性园本课程”，旨在体现课程内容中多元文化选取的融合，探索适合我市我园幼儿身心发展规律的教育目标、内容、途径和方法。然而，2012年10月国家教育部颁布《3–6岁儿童学习与发展》，贯彻落实《指南》精神的关键在于幼儿园课程建设。2015年幼儿园被确定为广东省《指南》实验园，尝试把深入研究融合性园本课程作为切入点，全面落实《指南》精神，促进幼儿的全面和谐发展，促进幼儿园的可持续发展。

二、园本课程构建的思路

我市地处珠三角地区，自2000年以来，经济发达，外资企业较多，文化呈现多元化、融合性等特点，我园幼儿和家长从过去以本地人为主变为来自全国各地。因此，在全面贯彻《纲要》精神的背景下，2002年，我园基于我市经济及文化走向多元融合的特点，从课程内容注重文化多元融合的角度提出构建“融合性园本课程”，开始从课程建构的依据、目标、内容、途径、原则、评价等方面，思考和构建园本课程体系，旨在体现课程内容中多元文化的整合。

诚然，课程是一个不断建构的过程。2012年10月，教育部正式颁布《3–6岁儿童学习与发展指南》，我们以更加开放的视野对原有的课程进行了更深入和全面的思考。2015年，我园被确定为广东省《指南》实验园，再次把“融合性园本课程”作为实验项目提出，并以开放的视野，将多元文化、优势教育资源不断融入课程建设中，在不断思考与实践调整中，逐步探索完善适合本园及本园幼儿的课程。为了更好地贯彻《纲要》《指南》与《广东省幼儿园一日生活指引》等精神，响应东莞市教育局提出的“让每一个学生受到最适合的教育”的教育追求，遵循“以幼儿发展为本”的理念，致力于为幼儿一生的发展奠定基础，本着既传承又发展的思路，我们再次对“融合性园本课程”进行了全面思考：以“适合孩子的才是最好的”为课程的价值取向；以促进幼儿个性化发展与全面发展相融合为核心，为幼儿终身发展奠定良好基础为课程目标；以“选择贴近幼儿生活经验的，满足幼儿不同需要的，融合传统与现代等多元文化”为课程内容；以基础性课程、特色课程、小主人活动课程相融合为课程的结构；以“平等、信任、支持、合作、互动”为课程实施的原则；以“凸现以活动、体验为特点多元组织形式的融合”为课程实施的形式；以“以发展为导向的多元评价融合”为课程的评价，从课程的依据、理念、目标、内容、途径、原则、评价等方面，不断修订、发展和完善园本课程的整体框架。

三、园本课程的理念与目标

（一）课程的理念

1. 基本理念

确立“以幼儿发展为本”的核心理念，以“让每个孩子都享受快乐、体验成功”的办园理念统领课程理念，以挖掘幼儿多元潜能为本，以培养个性化的“四慧”幼儿（会想、会说、会做、会交往）为目标，注重幼儿发展的自主性和能动性，为每个幼儿提供充分、和谐、健康、快乐发展的教育机会与条件，致力于为幼儿一生的发展奠定基础。

2. 具体理念

（1）确立以促进幼儿全面发展和个性化发展相融合为取向的课程目标。既关注幼儿的个别差异，促进每个幼儿富有个性地发展；又注重幼儿身心的全面和谐发展，使幼儿在各方面的潜能得到充分的发展，为幼儿终身发展奠定必要的基础。

（2）构建以传统文化与现代文化融合为特点的课程内容。根据幼儿与周围环境相互作用过程中直接的、整体的体验，将传统文化、世界文化与现代文化等多元文化融合于幼儿一日生活中，并以幼儿参与的多种活动为核心，设计组织课程的具体内容；充分注意不同活动之间的相互作用与渗透，增强课程与生活的联系，发挥整体效应，关注动态生成。

（3）凸现以活动、体验为特点多元组织形式融合的课程实施。强调活动性和体验性，强调活动的教育价值，注重活动的过程体验，优化教与学的方式；强调计划性与灵活性的统一，实现幼儿自发生成活动融入预定活动中；主探究活动、区域活动、游戏活动、集体教学、小主人活动等多种形式相结合，应用于幼儿的一日生活中，使幼儿的学习和生活呈现在多角度、多层面、多变化、多姿彩的时空里。

（4）探索实施以发展为导向的多元评价融合的课程评价。致力于改变“为评价而评价”的现状，以《纲要》和《指南》为依据，以发展（幼儿和教师发展）为中心，充分发挥课程评价的反馈调节功能，逐步形成通过评价促进发展的有效机制；着重探索过程性评价和个别性评价，突出质性评价的优势；建立以教师自评为主、多方参与的评价制度。

（5）落实以民主为原则的课程管理。发挥幼儿园和教师在课程建设上的积极性和创造性，赋予教师合理进行课程选择、重组和拓展的自主权，促进课程的生成，形成有效的课程运行机制。

（二）课程的目标

1. 课程目标

以幼儿发展为本，突出幼儿发展的自主性和能动性，关注幼儿的个性，激发幼儿的学习兴趣，培育积极情感，注重早期幼儿语言潜能开发，通过生活、游戏、运动、学习等活动，为每一个幼儿的快乐健康成长提供条件、创造机会，让幼儿学会生活，培养探索世界、表达、表现的兴趣和能力。

2. 幼儿培养目标

健康快乐有个性、自理自主乐交往、善于理解能表达、喜欢探索敢想象。

四、园本课程的结构

我园课程设置以《纲要》《指南》以及《广东省幼儿园一日生活指引》为基础和指导，结合本园课程特色和满足幼儿的发展需要，建立基础性课程、特色课程与小主人活动课程相结合的课程体系，加强课程的启蒙性、整合性和开放性，以适应不同年龄层次、不同发展水平幼儿的需要。

（一）基础性课程

根据幼儿园的课程目标，我园设置生活、运动、学习、游戏四类活动。它们是一日活动中的最基本的活动形态，强调每一种活动的综合教育作用，以及活动之间的互动与渗透，关注幼儿自身的兴趣、经验、需要，使幼儿真正成为活动的主体，让每一个幼儿健康成长。教师在基础性课程的实施中，关注幼儿生活和经验，关注预设和生成的关系，同时充分考虑课程平衡问题，增强基本目标和内容的落实度，促进幼儿全面发展。基础性课程合理地整合各方面的教育内容，有机地综合生活、运动、游戏和学习各项活动并自然地渗透于一日生活的各项活动中。

（1）生活活动：主要指生活自理、交往礼仪、自我保护、环境卫生、生活规则等方面的活动。其旨在让幼儿在幼儿园生活情境中自主、自觉地发展各种生活自理能力，形成健康文明的生活习惯和交往行为；在共同生活中能够愉快、安全、健康地成长。我园生活活动主要采用集体、个别的组织形式进行。

（2）运动活动：主要指体操、器械运动、体育游戏、自然因素锻炼等活动。其旨在提高幼儿身体素质、动作协调能力和适应环境的能力，为幼儿的体质健康奠定基础。其主要内容有体育游戏、体操、律动、自选器械活动、利用自然锻炼因素等。

（3）学习活动：主要内容有健康领域、社会领域、语言领域、艺术领域、科学领域等。其目的是使幼儿在认知能力和态度上不断进步，为后续学习打下基础，主要采用集体、分组、个别化学习的组织形式进行。

（4）游戏活动：主要指幼儿自发、自主、自由的活动。游戏活动发展幼儿想象力、创造力和交往合作能力，促进幼儿情感、个性的健康发展。我园的游戏活动包括自主性游戏、自由活动、区域活动、专用活动室游戏等。

（二）特色课程

传承、发展幼儿园原有的特色课程：民间体育游戏和主题探究活动。

1. 民间体育游戏课程

我园于2008年就开始借助园内外的资源，把民间体育游戏引入幼儿园体育教学和户外活动中。2011年我们尝试从课程开发这样一个崭新的角度出发，把幼儿园民间体育游戏活动提到课程建设层面来研究，确立了课题“幼儿园民间体育游戏课程开发的实践研究”。2013年11月，课题被批准为广东省教育科研“十二五”规划2012年度研究项目（2012ZJK002）。开展课题研究，一方面，旨在超越狭隘的体育教育内容，让民间体育游戏进入幼儿园体育教学活动，丰富幼儿园运动课程；另一方面，以幼儿发展为本，在继承发扬民间体育游戏玩法和意义的基础上，以转变幼儿传统的体育学习方式为切入点，融入现代教育思想，通过一系列大胆的创新实践转变幼儿园体育课程的传统模式，开发出一套适合现代幼儿园开展的民间体育游戏课程。

2. 主题探究活动课程

主题探究活动按照各主题目标，围绕各主题中的专题内容，既注重每个专题活动内容所涉及的领域培养目标，又关注活动环境的创设与利用。我园编写了小班级《我的小手》、中班级《瓶子的世界》《好玩的纸》、大班级《书海畅游》主题活动园本教材。这些活动体例规范、格式统一，体现了课程综合化、特色化、素质化的要求，注重培养幼儿学会认知、学会生活、学会合作、学会做事的能力，促进幼儿身心全面和谐地发展。

（三）小主人活动课程

坚持幼儿人人参与、人人获得成功的理念，让每一位幼儿充分享受活动的幸福和成功的喜悦，体现了教育面向每一位幼儿的思想理念，将各种节庆活动、幼儿园传统活动与小团队活动有机融入课程中。

五、园本课程的框架

（一）课程实施框架（图2-1）

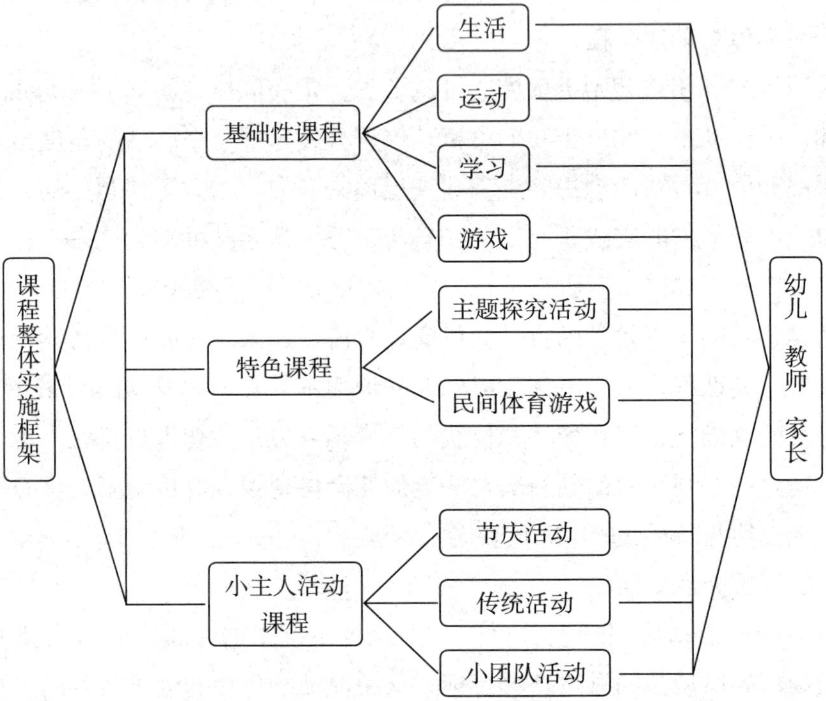

图2-1　东莞市实验幼儿园课程实施框架

（二）一日活动安排表（表2-1）

表2-1　东莞市实验幼儿园一日活动安排表

活动时间	活动内容	游戏元素
7：40—8：10	生活活动（入园晨检） 体育活动（户外自选体育游戏活动）	户外自选游戏+自主劳动
8：10—8：35	生活活动（盥洗、早餐、如厕等）	游戏化手段
8：35—9：35	自主游戏	自主游戏
9：35—10：35	户外体格锻炼（早操、户外体育游戏活动）	游园式运动+民间体育游戏
10：35—11：35	学习游戏活动	游戏化手段（教学游戏等）

续 表

活动时间	活动内容	游戏元素
11：35—12：15	生活活动（盥洗、午餐、如厕等） 餐后活动（散步、室外自主游戏）	操作游戏
12：15—14：30	生活活动（午睡、如厕等）	游戏化手段
14：30—15：20	生活活动（盥洗、午点、如厕等） 餐后活动（室外自由游戏）	自由游戏
15：20—16：20	主题游戏活动（主题探究活动）	主题游戏
16：20—18：00	生活活动、游戏活动（离园准备）	自由游戏+操作游戏

六、园本课程内容及教材的选用

我园采用选用市场成熟教材、改编新教材和创编相结合的方式，开发园本课程内容，即选择市面上已经成形的、和本园园本课程主体相关的教材；依据园本课程目标，对现有的课程进行园本化改编；通过教师原创，形成园本课程内容（图2–2）。

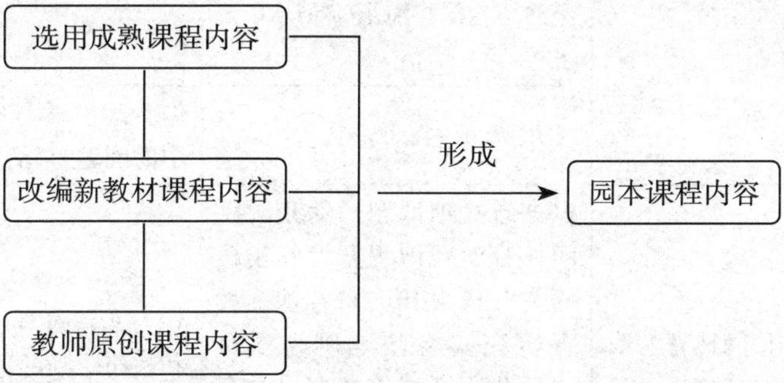

图2–2　东莞市实验幼儿园课程内容开发

教师参考用书为教师提供课程内容转化为活动内容的参照指引。教师应从幼儿学习经验、活动开展的有序性与连续性的实际出发选择参考用书，从而做到有针对性地、创造性地选择、改编及生成活动（表2–2）。

表2–2　东莞市实验幼儿园课程教材选用说明

课程版块	类型	参考教材或自编教材	选用说明
基础性课程	生活、运动	上海市学前教育教师参考用书《生活》《运动》	作为教材性参考用书和教研活动的参考资料
	学习（领域）	《幼儿园渗透式领域课程》（南京师范大学出版社）	作为教材性参考用书和教研活动的参考资料
		《学前儿童数学学习与发展核心经验》《学前儿童语言学习与发展核心经验》	作为实践过程中的参照依据和教研活动的参考资料
	游戏	上海市学前教育教师参考用书《游戏》	作为实践过程中的参照依据和教研活动的参考资料
		《我的游戏权利——多种需要的儿童》	作为游戏理论系统学习材料，为实践中的问题解惑释疑
特色课程	主题探究活动	东莞市实验幼儿园主题探究活动自编教材：《我的小手》（小班）、《好玩的纸》《瓶子的世界》（中班）、《书海畅游》（大班）	作为实践过程中的参照依据和教研活动的参考资料
		《儿童的一百种语言》	作为理论学习材料，为实践中的问题解惑释疑
	民间体育游戏	根据省立项课题“幼儿园民间体育游戏课程开发的实践研究”成果和广东省基础教育研究实验基地研究项目“幼儿园开展传统文化教育的实践研究”开展传统文化教育	作为实践过程中的参照依据和教研活动的参考资料

第二节　教师与课程共成长

园本课程生成发展的关键是教师。英国课程论专家斯腾豪斯曾经说过："没有教师发展就没有课程开发！"自《纲要》颁发以来，幼儿园课程观发生了巨大变化，幼儿的学习方式、教师的角色也发生了重大变化。教师既是课程的执行者，又是课程的建构者和实施者。教师的专业素养在某种程度上决定了课程建设的成功与否。

我园园本课程发展历程，也是我园教师专业成长的历程。我园在构建园本课程的同时，积极探索园本培训模式，注重学习—实践—反思—实践—总结的过程性研究，不断提高全园教师的专业能力，始终让教师的成长与园本课程的构建进程保持同步。

一、师资队伍发展现状

自1998年开园以来，我园本着"年轻、活力、创新"的宗旨招收了一批年轻的学前教育专业应届大中专毕业生，但随着时间的推移，教师的年轻化在幼教行业教师队伍使用上占据了主流，"年轻、活力"已成不了优势。尽管我园在探索园本课程的同时不断加大对教师的培养，重视业务素质的提高，并将其制度化，形成了"教师业务学习制度"等，然而，随着《纲要》的深入实践，这样扁平结构的教师队伍缺乏以老带新的过渡，日益暴露出诸多的弊端与不足，极大地制约着我园园本课程的进一步发展。因此，在发展园本课程的同时，构建一支结构合理、与课程建设同步的队伍，成了我们工作的重点。

（一）基本情况

我园创办于1998年10月，至2003年，我园共有9个班，282名幼儿。教职工48人，其中教师22人，男教师1人，高级教师3人，其他都是初级或未评级。除园长外，教师全是1998年以来分批招聘或分配的应届大中专学前教育专业毕业生。

（二）存在问题

1. 结构不合理

教师队伍在年龄结构、性别结构、专业结构、学历结合及能力结构上都存在着不合理的问题：教师专业、知识结构比较单一，不利于教育教学的顺利开展；教师的年龄相当，能力层次模糊，难以形成突出的骨干教师的培养；领头教师的缺乏造成主流教学模式难以形成，容易导致没有教学特色的局面出现。

2. 专业发展遇上瓶颈

一是缺少专家引领，不少教师处于自然成长状态。

二是部分教师内生动力不足，专业发展出现“高原现象”。

三是经验型教师较多，教学相长、教研相生以及在教学实践中提升专业水平的能力不足。

四是评估教师的教学业务和专业水平不能分类分层操作，停留在教学常规等低层次层面上，一定程度上影响了教师的专业发展。

3. 面临教育发展、课程发展的挑战

“教育功能所发生的深刻历史变革，必然体现在教师身上，引起教师角色的变化。”[①]随着《纲要》的颁布，教师不再只是被动的课程执行者，而是课程的研究者、设计者和实施者。这种专业化的要求，促使教师必须不断提升自身的专业素养。

二、师资队伍培养理论

（一）木桶理论

1. 木桶理论的提出

木桶理论是由美国管理学家彼得提出的，其核心内容为：由多块木板构成的水桶，其价值在于其盛水量的多少，但决定水桶盛水量多少的关键因素不是其最长的板块，而是其最短的板块。该短板就成了这个木桶盛水量的“限制因

① 冯晓霞．新《纲要》与幼儿教师的专业成长［M］//教育部基础教育司．《幼儿园教育指导纲要（试行）解读》.南京：江苏教育出版社，2002：179.

素”（或称“短板效应”）。若要使此木桶盛水量增加，只有换掉短板或将其加长才行。人们把这一规律总结为“木桶原理”或“木桶定律”，又称“短板理论”。

2. 木桶理论的启示

（1）只有改变木桶结构才可增加储水量，即组成木桶的所有木板在同一高度的时候，木桶的盛水量才是最大的。就幼儿园的发展而言，只有教师素质得到整体提升，即发挥团队力量，教育质量才能得到整体提高。

（2）通过激励让“短木板”变长：互帮互助。

（3）别让“短板”葬送自己：自我努力。

（二）海尔人才理论

1. 海尔人才理论——“赛马不相马”理论

古人曰“用人不疑，疑人不用”，韩愈曰“世有伯乐，然后有千里马”。而作为中国家电行业排头兵的海尔集团在市场经济形势下，却明确提出：所谓“用人不疑，疑人不用”是对市场经济的反动，主张“人人是人才，赛马不相马”，即为海尔人提供公平竞争的机会和环境，尽量避免“伯乐”相马过程中的主观局限性和片面性。就是只赛马不通过观察来分辨马的优差，也就是人人公平，谁业绩好谁就是优秀的，

2. 海尔人才理论的启示

（1）以平台吸引人，以公平对待所有人，给每个人相同的竞争机会，把静态变为动态，把相马变为赛马，充分挖掘每个人的潜质。

（2）帮助教师找到信心和希望，找到工作的方向和目标，让自我发展成为教师的自觉追求。

（三）马斯洛需求层次理论

1. 马斯洛需求层次理论

美国心理学家亚伯拉罕·马斯洛从人类动机的角度于1943年在《人类动机的理论》一书中提出需求层次理论。在这个理论框架下，马斯洛把人的需求分为五个层次，由低到高分别是：生理需求（吃喝拉撒睡）；安全需求（健康、不失业等）；社交需求（亲情、友情、爱情、归属感）；尊重需求（荣誉）；自我实现需求（自己的理想）。需求层次的高低排序是有意义的。人优先满足低层次的需要，当其得到满足后，高一层需求随之出现。如饥饿等生理需求得

不到满足，人很难去寻求安全需求，其主要行为只能朝着满足生理需求而努力；当生理需求得到基本满足后，安全就成为下一个需求的主体。从低级到高级，旧需求满足和新需求产生的过程是一种动态、逐步、有因果关系、呈交叠发展的模式。

2. 马斯洛需求层次理论的启示

（1）从马斯洛的需求层次理论角度来说，教师是有被尊重、被认可的需求的。

（2）教师的需求是多层次的，他们不但需要一份职业养活自己，满足生存的需求，还有高层次的理想、道德、自我实现、事业成功的需求。

（3）遵循民主、公正的激励原则，综合运用多重激励方式，充分调动教师的工作积极性、主动性，深入发掘教师的工作潜能，这样才能切实提高教师工作绩效，不断促进幼儿园可持续发展。

三、师资队伍培养对策

（一）拓宽专业范围，健全师资结构体系

（1）引进与培养相结合，改善队伍年龄和学历结构。鼓励大中专教师参加学历进修，提高学历层次；坚持引进和培养相结合的原则，通过公开招聘引进学士和硕士，并选送部分教师攻读硕士学位。

（2）加大青年教师培养力度，改善队伍能力结构。不同年龄段的教师有不同的优势。我们在不断引进新生力量的同时，对一些教学基本功扎实、业务能力较强的青年教师，要适时加压；让他们挑起课程改革的担子，独当一面，从而在年龄结构上尽量维持两头小中间大的比例范围，形成良好的梯队结构。

（3）拓宽专业范围，改善专业及性别结构。向社会公开招聘德才兼备的非幼儿教育专业的本科以上学历的毕业生，经过选拔、考核与培训后进入我园工作，逐渐改善专业与性别结构。2018年，雅园新村园区开办，通过公开招聘形式招聘了一批朝气蓬勃的年轻教师。

目前，雅园新村园区共有教师45人。从教师年龄结构来看，专任教师中31~35岁教师占的比例最大；从学历层次来看，本科以上学历达100%；从专业结构来看，幼儿教育专业20人，心理教育专业2人，体育教育专业8人，音乐教育专业7人，美术教育专业8人；从性别结构来看，男教师9人，女教师36人。

（二）重视师德建设，树立良好师德形象

古语有云“师者，人之模范也”，今日常说“学高为师，身正为范”。习近平总书记曾提出“国无德不兴，人无德不立”，指出中华民族的传统美德在师道传业中的重要作用。《菜根谭》中对德与才孰重孰轻如是描述：“德者才之主，才者德之奴。有才无德，如家无主而奴用事矣。”教育发展，教师为本；教师素质，师德为本。幼儿园教师是幼儿健康成长的引路人和指导者，是文明的奠基者和传承者，是社会中一切美好价值的坚守者和弘扬者。因此，我园始终把师德建设工作作为教师队伍建设的核心来抓，作为一个系统的工程去做。多年来，我园坚持以全面提高教师职业道德素质为核心，注重文化打造、精神提升，扎实有效地开展一系列师德活动，持续推动师德师风建设常态化、长效化，从而建设一支师德高尚、业务精湛、充满活力的高素质幼儿教师队伍，推进了园所保教质量的提升，促进了幼儿的全面和谐、可持续发展。

1. 立足底蕴，强化学习，固师德之本

“育人者育心，育心者必自育”。我园建立了以党支部为核心的思想政治教育管理体系，由党支部书记任组长，制定了专门的师德建设工作计划和师德规范。采取定期与不定期、集中与分散相结合的形式，强化教师教书育人意识，坚定工作信念。先后引导和组织教师学习了《国家中长期教育改革和发展规划纲要（2010—2020年）》《教师职业道德学习读本》《中小学教师职业道德规范》《公民道德建设实施纲要》《中小学教师职业道德建设十项规范》、习近平总书记有关教育方面的重要讲话等内容。结合上级的师德师风大讨论活动，组织全体教师进行暑假学习，并做到“三有”：有学习内容、有学习笔记、有心得体会，做到在学习中实践，在实践中反思，使学习活动与教学工作有机结合起来，不断提升思想境界和师德水平。我们还在学习过程中穿插进行了座谈会、经验交流等，把学习教育活动进一步引向深入，使广大教师从思想深处认识到教师职业道德的重要意义，切实提高了他们加强思想道德作风建设的自觉性，为师德师风建设工作的顺利进行打好了思想基础。

2. 活动引领，多措并举，展师德之美

以德立身、以德立学、以德施教，是每一位教育工作者不变的追求。为进一步提高我园教师的师德师风建设，我园注重创设有效载体，开展丰富多彩的活动，从多方面、多角度挖掘身边的典范，以点带面，放大亮点效应，蕴养校

园里优良师德师风的浓郁底蕴。

（1）以“迎教师节”为主题，开展“美美与共，实幼大同——感恩教师节·庆国庆·迎中秋三节同庆”活动，以“发现身边最美”为核心，开展“各美其美，美美与共”表彰活动，给每一位教职工颁发量身定制的“最美实幼”美称奖状。同时，开展了“最美教师、优秀教师”的推选及线上、线下的“美美与共，实幼大同——最美实幼教职工风采展”活动，鼓励教师用欣赏的眼光发现同伴的闪光点，进一步凝聚务实、健康、向上的团队之风。

（2）以“工作着是幸福与快乐的”为主题，通过主题晚会、教师节寄语等形式，积极创建民主、平等、和谐、快乐的工作环境，从而凝练精神，促进形成崇尚师德、践行师德、爱岗敬业、博学多才、奉献教育的崇高精神追求。

（3）以“征文比赛”为主题，每位教师联系自己的实际撰写一篇“以身立教，为人师表”的师德文章，并认真组织教师进行师德文章评选活动。

（4）以“专业成长规划”为主题，撰写一份新学年个人专业成长规划。在深入学习和讨论的基础上，教师们对照《幼儿园教师专业标准》和《指南》，对个人从教以来的师德行为、关爱幼儿、奉献教育精神等方面进行反思，并对新学年做出个人专业成长规划，从而主动、持续地发展。

（5）以“研讨业务”为主题，把加强教师职业道德建设和全面提高教学质量紧密结合起来，促进教育教学水平的整体提高。

（6）以“管理规范”为主题，进一步完善师德制度，增强教师师德规范意识。

（7）以“心理保健”为主题，开展教师心理健康分享活动和“今天感恩的一件事”记录活动，切实减轻教师心理压力，让教师学会欣赏与感恩生活，珍惜生活，合理调节情绪，促进教育教学效能的提高，做成功、快乐的教师。

（8）以“学习典型”为主题，组织全园教师收看张丽莉同志纪录片，认真学习先进事迹，撰写心得，深刻剖析，使全体教师深深体会到重教崇德、为人师表的真谛。

（9）以“实幼是我家，发展靠大家”为主题，开展“如何树立实验幼儿园教师形象”的大学习、大讨论活动及金点子征集活动，把社会、家长对教师的要求以及幼儿园的未来发展，转化为教师个体发展的需要，牢固树立良好的师德形象。

（10）以“以评促成长”为主题，充分发挥家长的评价作用，让家长来促进师德的提高。我们定期召开家长委员会、家长座谈会，向家长了解我园教师的师德水平。另外我们还特地制定了师德专项调研表、幼儿园工作调查问卷等，定期让家长们反馈意见和建议。

3. 文化浸润，知行合一，树师德形象

陶行知认为，要学生做的事情，教育者要躬亲共做；要学生守的规矩，教育者要躬亲共守；要学生学的知识，教育者要躬亲共学。苏联著名教育家车尔尼雪夫斯基曾说：“教师把学生造成什么人，自己就应该是这种人。”这表明，教育者的感召力不仅源于其丰厚的学识，更源于其可信性，即教育者的言行一致、身体力行。

（1）在文化中引领。我园自开园以来就秉承“以人为本”的现代管理理念以促进幼儿全面发展为各项工作的落脚点，以“双本”（园发展为本、幼儿发展为本）管理为切入口，开创开放式园本管理模式，大力倡导人文关怀，重点开展了“文明、守纪、活泼、向上”的学风与“尊重、合作、创新、发展”的教风相结合的园所文化建设活动。第一，我们成立了由党支部和园务委员会组成的园所文化实施机构，通过调查、讨论、研究幼儿园发展的具体情况，集思广益地分析采纳了广大教职工的意见，确立了我园园所文化的定位：“文明、守纪、活泼、向上”的学风与“尊重、合作、创新、发展”的教风相结合。第二，通过多种形式的学习和活动，组织了有关园所文化的学习和研讨，制定了我园的《园规》，加深了教职工对园所文化的认识和理解。在幼儿园中深入开展政治思想工作，倡导教职工遵守教师道德规范，突出党员的先锋模范带头作用，发挥党支部在各项工作中的政治核心作用，增强集体凝聚力，努力使各项工作与时俱进、不断创新。党、团、工会除加强组织建设外，还为教职工举办了丰富多彩的有益的文体活动，如教职工运动会、庆教师节晚会、黄旗山半日游、新年晚会等，使团体中每一个成员“被爱”、“被关怀”的需要得到了满足。第三，以“创建学习型组织”为核心，加强校园学风建设，倡导虚心、好学、上进的精神，继续推行互帮互学活动，在各大组组织学习交流的基础上以教师组为龙头加强组与组之间的学习心得、读书笔记、经验论文的横向学习和交流，通过党、工、团宣传栏加强学习情况的宣传，树立良好的学习风气。第四，加强制度文化建设，以幼儿教育法规为指引，以园所文化为核心，自下而上，建立和健全各项规章制度，明确岗位责任制，使制度内化为全园教职工的自觉行为。我园结合自身的特点，制定了《东莞市实验幼儿园幼儿在园日常行为规范》《教师职业道德规范》《家长在园行为规范》等。我园在工作中不断建立和完善各项规章制度，通过能上能下、优化组合的用人机制，充分调动了全体员工的工作积极性、能动性和工作热情，员工在形成紧迫感、危机感的同时加强了工作的责任感和事业心，以及彼此之间的协作精神，从而促进了幼儿园工作的规范化，使我园的学风和教风在教职工和幼儿中发挥着导向作用、规范作用、凝聚作用和激励作用。

（2）在书香中浸润。习近平总书记曾说过："要通过学习知识，掌握事物发展规律，通晓天下道理，丰富学识，增长见识。"为倡导做"乐学、勤学、善学"的教师，我们将打造学习型组织作为师德建设的重要抓手，开展形式多样的读书活动，提升教师的文化素养、人文内涵、改变并丰富教师的知识结构。每月发布一次读书心得推广，形式可采用文化宣传栏和网上论坛；每位教师写一篇书评，可以针对同一本书，也可以是自己阅读的不同的书。结合读书活动的开展，我们组织了丰富多彩的活动来激发大家的兴趣，有效地促进了教师专业的发展。"书海导游"学期推荐及赠书活动、"我读书，我快乐"分享沙龙活动、教育电影大家看活动、"读经典名著，与大师对话"读书心得分享以及线上线下结合的"实幼论坛"等丰富的活动引领教师把读书作为一种习惯，变为自觉行为，使教师不断追求新知、充实自我，在书香浸润中获得专业理论水平和自身人格素养的共同提高。

（3）在关爱中升华。在日常的管理工作中，园领导始终坚持"以人为本"的管理理念，做到"尊重人、关心人、理解人、凝聚人、激励人"，构建"和谐、快乐、健康"的园所文化。一是通过广泛征求意见和教代会讨论等自下而上的方法进一步完善、修订各类规章制度，编印《东莞市实验幼儿园教职工手册》（以下简称《手册》），并通过日常部门例会、自主学习、撰写心得、制度知识竞赛等形式组织全体教职工深入学习《手册》，规范教职工工作行为，提高教职工自主管理意识。二是构建园级领导、中层干部、教师三位一体的互动的民主管理方式，突出行政班子的决策与指导作用，强化中层干部的组织管理能力，凸显教师自我管理的具体落实，使园所的管理工作上下畅通、落到实处。三是以"和谐"为主调，一方面对全园环境进行全面调整，充分挖掘园风、教风、学风特定的文化内涵；另一方面充分发挥党、团、工会的职能作用，从政治安全、工作愉快、身体健康、生活改善四个方面构建“教职工快乐工程”，常“见缝插针”与年轻教师交流思想、促膝谈心，切实关心教职工生活和改善工作环境，使全体教职员工形成一个共同的理念——“生活和工作都是幸福与快乐的”，使幼儿园成为教职员工快乐的精神家园。四是坚持民主治园。实行园务公开制度，增强工作的透明度。同时突出教职工的主体地位，坚持定期召开教代会和园务委员会等，共同了解、商议园内大事及教职工的所思所需，鼓励他们主动参与幼儿园管理，发挥民主管理和监督作用，争做幼儿园主人，共同制定园发展规划，形成共同的愿景。在和谐民主的校园文化下，教职工的心紧紧地凝聚在一起，有效促进幼儿园各项工作的开展。

（三）挖掘内在潜能，支持教师自主成长

1. 设计职业生涯，实现自我发展

本着“在学习中完善自我，在实践中发展自我”的理念，支持和鼓励教师对自己的职业生涯进行设计。鼓励教师定期对照目标进行自我评价，分析自身的条件，制定个人发展规划，有效地确定职业目标，合理设计发展阶段，明确努力方向，成为自我发展的主人。

2. 构建激励机制，实现自我成长

注重在日常工作、生活上，关心、鼓励支持教职工，以多元化的方式评价教职工。第一，尝试建立教师电子业务成长档案，及时记录教师工作情况和表现，以便更客观、全面地评价每位教师的工作表现。第二，逐步建立合理的评价体系。一方面，结合人事制度改革，在总结过去岗位津贴分配工作经验的基础上，通过召开教职工代表大会，广泛征求意见，制定了较为完善的《东莞市实验幼儿园绩效工资分配方案》，并定期对其进行完善和补充，使教师全方位的工作都能得到体现。另一方面，设立多个奖项，如教育科研奖、创新奖、好提案奖、进步奖、学期多元评奖等，调动积极性，挖掘每个人的潜能，让每一个教职工都能在不同的工作方面做出成绩。切实实现阳光操作，做到标准公开、过程公开、结果公开，自觉接受群众的监督，保证了各类评选活动的公正和公平，起到了凝聚民心、团结奋进的激励作用。把总结评价与过程评价相结合，规范评价与谈心工作相结合，使广大教师时时受激励、处处有目标。第三，搭建舞台，开展“大主人”活动。遵循“机会面前人人平等”的原则，设立活动轮值制、交流展示制，开展园庆方案征集活动、“六一”活动方案征集活动、教师轮值活动、值日教师、工作创新评比活动、好提案活动、班级环境创设评比交流活动、厨艺大比拼等，鼓励教师自愿报名，把每次活动都看作发展自己、展示自己的机会，让每个教师都能体现自身的价值，释放自身的潜能。

3. 铺筑成长之路，实现自我超越

一是竞争上岗，充实干部队伍。我园一直致力于对年轻干部的培养与提拔，完善整个园的领导结构，为幼儿园的可持续发展打下坚实的基础。中层干部竞争上岗，通过竞选方案的制定、民主推荐、个人推荐、竞争上岗述职演讲、群众民主测评、领导评定推荐等程序综合评定各岗位候选人的政治思想、业务能力、工作业绩等素质，民主选出我园的中层干部，下放有关职权，使其在部门中逐步担起责任，独当一面。二是双向选择，优化人员组合。结合我园教师生育高峰期的过去，在每一个学年的开始，我们开展“班主任推荐”、“工作岗位和工作人员搭配意愿征询”活动以及班主任竞争上岗活动，让班上工作人员对岗位进行双向选择，让一些真正有能力的教师涌现出来，在适合的基础上实现自己的人生价值。近年来，我们大胆地起用年轻教师担任阶梯组和课题组组长，在各项大型活动中推荐年轻教师承担活动，使一批年轻教师脱颖而出，体验了成功，增强了自信，实现了自我超越。

（四）加强园本研训，促进教师快速成长

在园本课程建设的过程中，幼儿园积极探讨基于园本课程开发的园本研训有效形式，指引教师平等对话、同伴互助、精诚协作、相互促进，使青年教师在团队的帮助下快速成长。

（1）推进教师组团式发展机制的探索，以阶梯研究小组和园本小课题组研讨为核心，鼓励教师根据自身兴趣或教学特长组成研修小组，通过主动学习、小组共研、园长参与指导，促进教师在教育教学和园本课程研究的个性突破，形成培训引领“实践反思”研讨改进的循环发展模式。

（2）“慢研细磨”。对已开展的园本课题和阶梯组研究，本着“慢研细磨出实效”的思路，鼓励教师沉下来用慢工出细活的精神，一一解决实践中和课题研究中的问题，发挥同伴力量联合攻关。各组推行互助式研磨课堂教研模式，引领同伴互助，实现教学相长。通过集智性备课—双向式说课—推磨式上课（上课、评课、反思、调整、再上、再议）—沙龙式议课—反思式札记的过程，真正实现同伴互助的理念，去粗取精、去伪存真，把园本培训引向深入。推磨课推进中，教师们纷纷表示，在教学推磨中得到了磨炼，在磨炼中得到了成长，在学中反思，在反思中提高；这是一个循序渐进、深度挖掘的过程，也是一个自我反思、自我修炼的过程。

（3）“对话协作”。以对话—协作—帮助为主要方式，通过学期末的各类互助式汇报交流、级部成员日常对话交流等形式，积极开展“互助式教研”活动，搭建了一个共同学习和共同提高的教师专业成长的平台。

（4）“搭建平台”。一方面搭建学习平台。拓展外出学习点与学习面，多渠道、多方式借助园外资源培训本园教师。我园大批量送教师外出培训学习，让每个教师开眼界、强素质。另一方面搭建发展平台，给机会、压担子、请进来、走出去，在教师队伍的培养过程中出名教师、骨干教师。借助各层次的示范带教项目［师范生见习、对口联动、园长（名师）工作室、实践基地、姐妹园辐射带教等］，引领成熟型教师与骨干教师进一步提升管理与实践能力。

（5）“青蓝结队”。为做好新教师的“入门”培训工作，幼儿园编写了《东莞市实验幼儿园新教师成长手册》，通过二对一“导师”制带教、撰写教育周记、读书等形式，从班级管理、一日活动组织、环境创设、家长工作、幼儿发展评价等方面对新教师进行全面的培训。这样师徒结对的平台使师徒双方“教学相长，共同成长”，也让我们看到了青年教师成长的希望，为打造师德高尚、业务优良的教师团队，为幼儿园的可持续发展奠定基础。

（6）比赛锤炼，提升能力。鼓励教师积极参加各类评比竞赛活动，在广东省和东莞市教育软件评审活动中，我园教师获得了优异的成绩。目前，幼儿园拥有一支具有端正的教育思想，勤业、乐业的高尚精神和业务精良的“和谐教师队伍”；学年结束后的家长满意度测评高，教师敬业、精业的付出得到家长的高度认可。

（五）科研引领教学，提升教师专业素养

近年来，幼儿园把教育科研作为本园可持续发展的增长点，用科研引领教育教学工作，成就教师，发展幼儿，提升幼儿园的内涵，扎实走好教育科研兴园之路。

1. 更新观念引科研

在我园《教研和科研制度》和《东莞市实验幼儿园园级课题申报办法》的

指导下，积极借助“走出去，观摩课题和教学；请回来，课例移植和创新”、“专家入园指导”等方式，通过观念导向、宣传导向、政策导向、示范导向、奖励导向引导教师积极参加教育科研，以课题为切入点，将教师团结在一起，共同学习、共同研究、共同提高。

2. 群英荟萃兴科研

我们深知，幼儿园发展的关键在于教师的发展，所以我们抓实教师队伍的培养，努力提高师资队伍整体素质，建设一支有“现代意识、敬业精神、智慧头脑、有效方法、专业特长”的教师队伍。本着“三人行必有我师”的学习态度，我们重点培养骨干科研教师，积极发挥教师领域特长，按成员知识层次组成协同合作小组，开展不同领域的课题和教学研究。近三年来教师在国家级、省级报刊上发表论文共16篇，市级以上获奖论文60篇；16人在省市业务竞赛中获得一、二等奖；市学科带头人3人，省学科带头人2人。

3. 扎扎实实抓科研

在“教研训”一体的整体视野下切实开展课题研究工作，以幼儿园大课题为龙头，从各个小课题入手，围绕教育教学中的困惑展开课题研究，彰显儿童立场，成效显著。

（1）着眼幼儿园发展的规划课题研究。我们在抓好常规性教科研活动的同时，把省市立项课题“幼儿园民间体育游戏课程的实践研究”作为龙头，通过规范课题研究过程，从游戏和课程两方面入手来体现以幼儿为本、快乐成长的办园理念，用龙头课题的研究来带动其他课题研究，形成了一种以工作促科研、以科研带工作的良好科研局面。

（2）着眼园际联动发展的区域性课题研究。我园作为“东莞市首批中华经典教育实验学校”和“广东省儿童智力开发实验幼儿园”，分别开展课题“以经典诵读为载体开展幼儿语言教育的方法研究”和“建构性玩具对幼儿心理发展的促进研究”的研究。在研究过程中，专家引领、现场研讨、集体学习、专题论坛、主题培训等形式多样的互动研讨，不但促进了我园与其他研究单位之间的友好往来，更提升了教育科研的品质和影响力。

（3）“扎实的教研就是真科研”的小课题研究。问题就是课题，教学就是研究，成果就是成长。四个园本小课题“在绘本阅读活动中提升幼儿自主阅读能力的实践与研究”、“幼儿园彩墨画教学的研究”、“有效渗透数学教育，优化幼儿五项体育技能的学练过程”、“发挥园亲子阅读区的作用，打造浓郁的家庭书香文化”应运而生，教师自然成为课题研究的主人。将园本教研与课题研究工作有效结合起来，引领教师在研究中提升、在研究中成长，发挥课题研究对教师专业成长和素质提高的重要作用。

第三节　与课程相适应的管理

在先进理念和《纲要》精神的观照下，幼儿园课程建设和管理从注重标准化、统一化逐步转化为注重园本课程的开发和实施的多元化、自主性。华东师范大学阎水金教授在《幼儿园课程改革与管理》中指出：“幼儿园的课程质量体现了幼儿园的质量，而课程质量更体现在课程管理上。”可见，课程管理承担了提高课程质量、促进幼儿园发展的重大责任。多年来，我园在融合性园本课程开发的过程中遵循一套系统、科学的流程，从需求调研共筑愿景、组建课程开发团队、研讨开发策略，到对课程的评价与审议等，各环节环环相扣，从管理机制上保障了园本课程的有效实施。

一、共筑愿景，激发园本课程开发的内在动机

美国新一代管理大师彼得·圣吉博士在《第五项修炼》一书中指出：“共同愿景是组织中的人们所共同持有的意愿或景象，它创造出众人一体的感觉，并遍布到组织全面的活动中，使各种不同的活动融会起来。”它是一股强大的感召众人的力量，也是组织生命力的真正源泉。一所幼儿园如果没有一个足以感召教职工的共同愿景，就会变得苍白空洞而失去发展动力。课程的决策、实施和开发，需要组织、团队的努力和创造力，需要园长和全体教师的精诚合作和智慧分享。这个团队并不是靠权威来运作的，而是强调愿景和团队精神。因此，我们以十周年园庆为契机，通过组织全体教师进行园情分析、调研座谈

等，达成了幼儿园可持续发展的共同愿景——办成一所富有“和”文化的省级示范性幼儿园，确立“自主和谐，共同成长”的办园理念，形成以“和”为主旨、以尊重为基础、以和谐为追求、以自主为目标的园本文化。在园本课程开发之初，我们提出了“适合的才是最好的”的课程思想和“让每一个孩子都享受快乐、体验成功”的课程理念。开始课程研究后，我们提出了以挖掘幼儿多元潜能为本，以培养个性化的“四会”幼儿（会想、会说、会做、会交往）为目标，这样的课程理念架构和我们的发展愿景是相一致、相匹配的。与此同时，我们通过对团队愿景的诠释和反复宣传、沟通，使幼儿园每一位教职工都能正确认识“和”文化和园本课程理念在推进幼儿和幼儿园发展中的积极意义与重要作用，对需要达到的主要目标有了清晰的了解。我们还引领指导教职工建立与幼儿园共同愿景相一致的部室（团队）愿景和个人愿景，从而建立起个人—团队—幼儿园三个层次的愿景体系，用愿景去点燃每个教师的热情，化作团队的力量来实现幼儿园的共同愿景。

二、文化引领，营造园本课程开发的良好环境

（一）确立“尊重”的理念文化

幼儿园文化是幼儿园核心竞争力和历久不衰的源泉。理念文化是幼儿园文化的灵魂。幼儿园理念文化的确立是时代发展和现代化建设对人才培养的理性折射，是幼儿园文化背景的浓缩，是幼儿园未来的发展方向，也是全园师生共同的文化追求。先进的理念文化可以外塑形象、内集人心，为幼儿园的可持续发展提供强大动力。按当代心理学家马斯洛的需要层次理论，尊重是人在生理需求、安全需求和社交需求得到满足之后的一种高层次需求。从教师和幼儿发展的心理需求讲，他们都渴望被尊重。我园以“尊重”为园所文化的核心内涵，用“尊重生命、尊重他人、尊重规律、尊重历史”的理念影响师生的心态和行为，把“尊重”贯穿幼儿园工作的始终，尊重教育规律，尊重人的成长规律，尊重师生的人格人性，尊重幼儿受教育的自律过程，尊重教育者的劳动成果，使师生得到尊重、学会尊重，促进师生身心和谐地发展。幼儿园是一个大家庭，教师、工人、园长、孩子、家长，都是这个家庭里的成员，我们提倡这个家庭的成员能相互理解、和睦相处，让师生在关爱、尊重中体验心的温暖。

（二）角色定位，适时放权

《幼儿园教育纲要（试行）》中指出：“教育活动的组织与实施过程是教师创造性地开展工作的过程。教师要从本《纲要》与本地、本园的条件出发，结合本班幼儿的实际情况，制定切实可行的工作计划并灵活地执行。”这不仅指明了幼儿园教师工作的性质，而且隐含着对课程管理的要求。教师已从由上而下、从目标到幼儿转向由下而上、从幼儿到目标来制定计划，并灵活地加以实施，他们需要的自主空间更大了。可见，课程管理也必须转变职能和方式，实行“放权”，把重点放在给予支持和服务上；支持教师进行自我管理，为教师提供适当的自主空间，充分调动和发挥每个教师的主动性和创造性。

首先，在“尊重”的园所文化理念引领下，我们树立开放式的管理意识，改变传统的“以事为核心”为现代的“以人为核心”，努力营造“让教师快乐地工作，让幼儿快乐地成长”的环境氛围，注重激发教师的主体意识，提升教师的自主能力，努力实现教师个人与群体价值的辩证统一，渗透“自我教育，自我实现”的管理策略。其次，围绕“融合性园本课程”的构建，沿着领域阶梯组和年级组纵、横两条线有序进行，逐步构筑了园长牵头、中层干部分工明确、教师全员参与的两线并行的园本课程开发组织网络，即融合性园本课程研究中心—领域阶梯组—年级组—教师和融合性园本课程研究中心—教研室—园本课题组—教师，使园本课程开发工作有一个较为完善的组织保障。最后，管理即服务，服务即帮助。园本课程背景下的园长课程管理，是一种民主的、人际关系的管理，园长要成为课程实施的指导者、支持者、服务者和宣传者。在幼儿园文化的营造中，园长要注重自身职能素养的提高和角色的合理定位，下放权力，改善幼儿园的运行机制，为教师提供一定的课程领导空间和参与课程领导的平台，要让教师由课程改革的旁观者、被动的执行者转变为课程改革的主动参与者、设计者和开发者，赋予教师更多参与课程改革、设计、开发、管理的权力；要在课程实施过程中为教师提供支持、帮助、咨询、服务，并为教师发展创造条件。

三、建立机制，保障园本课程开发的条件基础

（一）成立互动循环的园本课程管理编制小组

园本课程的开发与实施对幼儿园来说是一项巨大的工程，为了使研究工

作科学、有序、高效地进行，制定翔实的实施方案是重要前提。编写园本课程方案非一日之功，也不是几个人就可完成的事。同时，课程实施的管理和调控，必须建立一个互动的教育反馈系统。于是，幼儿园成立了课程管理领导小组，由园长、级长、阶梯（课题）组长、骨干教师等人员组成，园长任组长，领导小组主要负责幼儿园课程方案的制定、实施、反馈、调整、评价等。领导小组下设课程研究组，由园长、级长、阶梯（课题）组长等人员组成，园长任组长，课程研究组主要负责课程实施的研究、课程内容的拓展、教师培训等。各教研组在课程研究组的指导下，组建幼儿园课程实施中心组，由各级级长任组长，阶梯（课题）组长与骨干教师为组员，开展每两周一次以上的参与式研讨、教材培训与集体备课活动，进行班级情况交流、课程活动案例分析、观察方法与记录的研究等，以保证课程教材的全面、深入实施。另外，幼儿园将课程权下移，由班级管理，使课程管理更开放。

（二）编制翔实可行的课程实施方案

课程实施方案是幼儿园课程实施与管理的基本依据，是幼儿园课程实施中的操作蓝图。幼儿园课程应该是整体的，在贯彻《指南》的过程中，为了使幼儿园课程凸显整体价值，我们对先前的课程经验与成果进行了梳理，对先前拟定的《东莞市实验幼儿园融合性园本课程实施方案（试行稿）》进行了修订，对课程各方面进行了系统思考与架构。为此，我们进行了全面规划，即对幼儿园全部课程和活动进行整体系统的定位与设计：既包括主体活动（如生活、健康、游戏、五大领域学习）的设计，也包括幼儿园特色活动课程的提炼，最终将各类课程与活动，从目标、内容、实施到评价有机地进行整合，系统地融入课程方案之中。2017年9月，我们编制了课程实施的文本《东莞市实验幼儿园园本课程实施方案（2017年9月修订版）》。它是幼儿园园本课程开发与实施的总体性设计，是园本课程开发与实施的纲领性文件。这个课程实施方案包括前言、课题的背景分析、课程目标、课程结构与内容、课程的实施与评价、课程的管理与保障六个部分，分别对融合性园本课程的课程背景、基本理念、设计思路、目标、内容、教学及评价方法等做出了具体的阐述。方案的制定给教师提供了翔实的课程实施指南。

（三）构建动态开放的园本课程资源库

课程资源是课程实施、提升幼儿经验的重要工具。课程资源的开发和利用是推动课程发展的有效手段。为了与园本课程建设同步发展，我园以资源库建设平台为基础，以关注课程和教师教学需求为导向，积极探索建立起动态的园本课程资源库。我园的课程资源建设依循“收集—管理—利用”的步骤，先调动各方力量，有序、有目的地收集资源；再建立课程资源库，对资源进行分类、加工、整理、存放和传递，实现责任到人；最后提高资源的利用效率，使资源利用有重点、教师观察有目的、课程评价开放化，实现幼儿学习的多元化。

结合研究的进度，我们对已有的资源进行了筛选与分类整理，完成了园本课程资源库的框架搭建，建立了4个一级资源库，18个二三级资源库，并制定了《东莞市实验幼儿园课程资源库“四级管理”制度》《东莞市实验幼儿园课程资源库使用目录》和《东莞市实验幼儿园主题电子资源库使用指南》等。同时，在建设园本课程资源库的基础上，我们还以教师为主体，形成一种不断充实的机制，鼓励教师将自己研制或收集的教学资源不断充实到教学资源库中，从而使资源自然增长、不断丰富、良性循环。

四、研训合一，提高园本课程开发的意识和能力

在园本课程开发这种自下而上的课程实践形态中，幼儿园园本课程开发的效益在很大程度上取决于教师的课程开发能力。因此，我园坚持以教师发展为本，积极遵循“在实践中磨炼，在合作中进步，在竞争中成长”的培养原则，认真落实“自我反思、同伴互助、专业引领”式的园本研训制度，将“研”和“训”有机整合，将园本培训、园本课程实践与园本课题研究相结合，注重教师专业兴趣的培养及专业能力的发展，在解决教师教育教学实践问题的同时，不断提高教师课程开发和科研能力。

（一）书香浸润，且读且思，且思且行

大力推进“我读书，我快乐”活动，开辟“实幼师坛”，结合“我学、我思、我行”，通过线上与线下、理论与实践、分享与观摩结合等形式，开展系列读书与研讨活动，让教师把读书当成自己的一种生活习惯，且读且思，且思且行，全面提升教师素养。

（二）分类培训，拓宽视野，学会反思

根据每位教师的不同特点和个别化需求有计划地组织教师外出开展系列专

题性学习、参观，并建立学习汇报制度，以与专家零距离交流互动的形式及优质幼儿园的日常活动观摩等载体开阔教师视野，发展教师的专业眼光。同时，借助幼儿园示范园平台，加强与省市多所幼儿园进行交流与互访，多层面的园际间的交流和互访不仅刷新了教学团队中每个成员的视野，而且大家在一次次展示和交流中也历练了对课程静心深思熟虑的研究意识，收获了研究带给幼儿发展和自我专业提升的喜悦。

（三）阶梯培训，同伴互助，助推成长

为了促进不同层次教师专业的稳步发展，我们提出了“以聚焦日常实践工作”为主线的大目标，兼顾教师能力、兴趣与需求，然后围绕园本课程开发细化成三条支线：主题探究活动、领域学科教学、快乐舞蹈教学，并以此支线成立阶梯小组。运用不同层面教师参与不同阶梯小组研训的形式，点燃青年教师的专业激情，逐步形成追求教学、研究、学习一体的教师互动成长的持续发展研修模式。各组在开展活动过程中，注重“小步递进”的方式逐一深入研究，并将专业引领式的集体教研和互助探讨式的自主教研相结合，听课评课、案例赏析、专题研讨、一课多磨、资源库建立、领域教法研究等活动形式日趋成熟，成为推进教研有效性发展的主要动力。教师们在这个研修平台上行走与磨炼，通过不断互动对话，消除教学上的困惑，收获行之有效的指导策略，顿悟教育教学理念，真正体验到教学研互动成长的快乐。在培训过程中我们看到教师教育智慧的迸发；培训后，我们更多地看到了青年教师在教育实践中的创新运用。这无疑大大提高了我园的园本培训实效。

（四）课题引领，团队合作，提升素养

针对“问题就是课题，教学就是研究，成果就是成长”的教科研思路，我园出台了《园级课题申报办法》，强化小课题研究行为的规范性，确保小课题研究工作的顺利开展，形成了全园教师人人参与小课题研究的良好氛围。四个园本课题组分别从水墨画教学、语言绘本、亲子阅读、幼儿五项体育技能培养等领域进行了发展式的研讨和实践，教师在问题—分析—行动—反思—评价的过程中展开研究工作。课题研究培养了青年教师深入思考、周密安排以及计划统筹的能力，也给了他们更多的工作空间。

（五）资源共享，优势互补，减负增效

为了与园本课程建设同步发展，以资源库建设平台为基础，以关注课程和教师教学需求为导向，教师积极参与逐步建立起动态的园本课程资源库。到目前为止，我园已建立的资源库主要有主题教学资源库、快乐舞蹈教学资源库、区域教学资源库、班级日常工作资源库、园本课题资源库等。经过实践和研究，资源库的建立和应用不仅创设了一个教师间群体交流合作的信息平台，开展合作、互动教学研究，实现了资源共享、教学相长，避免教师大量重复劳动，为教师开阔视野、获取信息提供了条件，促进了教师专业成长，真正落实了减负增效，而且切实提高了教育质量，是一条可持续发展的教研新路。

（六）搭建平台，展示自我，自主发展

为了避免枯燥的单一的培训模式，我们将教师园本培训建立在各级各类展示评优之上，让教师在积极准备的过程中自发地进行自主式培训。例如，每学期的环境分享交流活动、班级亮点工作发布会、阶梯组阶段学习分享会、园本课题阶段性成果推介会、全市教研交流活动、省市级各类业务竞赛等活动，使教师的专业化水平得到进一步提高。同时，还结合教师的实际情况，精心规划和设计了教师的专业成长档案，以成长档案为载体，全面提升教师的专业发展水平。档案覆盖教师个人基本信息、个人成长规划、教学研究记载等方面内容，收集了教师专业学习的成就和进步的材料，真实反映教师专业成长历程，是对教师师德、教育教学、教育科研、继续教育等全方位的记录和展示。成长档案既增强了教师自我反思、主动发展的意识和能力，促进教师的专业化成长，又便于幼儿园全面地了解教师的成长与进步。

附录1：

东莞市实验幼儿园园本课程方案

（试行稿）

【指导思想】

为了更好地贯彻《幼儿园教育指导纲要》《3-6岁儿童学习与发展指南》与《广东省幼儿园一日生活指引》等精神，响应东莞市教育局提出的“让每一个学生受到最适合的教育”的教育追求，遵循“以幼儿发展为本”的理念，致力于为幼儿一生的发展奠定基础，积极构建“适合孩子的才是最好的”融合性园本课程，为幼儿园保教工作注入新思想、开创新局面、明确新方向，特制定《东莞市实验幼儿园课程实施方案》，作为幼儿园课程设计、教材选择、课程实施与课程评价的依据与指导。

【课程理念】

以《幼儿园教育指导纲要（试行）》《3–6岁儿童学习与发展指南》为依据，坚持“以幼儿发展为本”的办学理念，让每一个幼儿在快乐中成长，在成长中体验快乐。

【课程结构】

以主题探究活动课程为载体，渗透学科、活动与隐性课程（表2–3~表2–8）

表2–3　主题探究课程框架表

课程目标	培养幼儿“会发现、会质疑、会探究”的意识及能力，促进幼儿的身心和谐发展
课程来源	幼儿的兴趣与生活
课程类型	生成与预设相融合
组织形式	区域活动、游戏活动、集体教学、个别交流、参观、讨论、调研、展示、报告等
基本脉络	“呈现问题”—“研究问题”—“解决问题”—“表达分享”
教师角色	与幼儿地位平等的活动者
关注点	关注幼儿表现出的即时的兴趣、个体自发的活动，尽可能将教师预设活动和幼儿的生成活动有机结合，充分体现幼儿学习的主体性
成果	形成了以主题为单位的课程文本资料库，包括教学目标、网络图、教学内容、环境创设、家园合作、主题评价、成长档案、教学案例等

表2–4　学科课程框架表

课程目标	促进幼儿情感、态度、认知能力、技能等各方面发展，使幼儿成为健康活泼、好奇探究、文明乐群、亲近自然、爱护环境、勇敢自信、有初步责任感的儿童		
活动项目	课程类型	组织形式	教师角色及关注点
学科教学活动	预设为主	集体与分组相结合	教师观察为主，了解不同幼儿的发展水平与特点
晨间阅读活动	预设为主	集体与分组、个别	教师观察为主，了解不同幼儿的发展水平与特点

续 表

活动项目	课程类型	组织形式	教师角色及关注点
户外体格锻炼	预设与生成相融合	分组、个别	教师开展情境性的体育游戏，发展幼儿的大肌肉运动能力（走、跑、跳、爬等） 重视发现，支持幼儿富有创意的玩法
民间游戏活动	生成为主	分组、个别	为引起幼儿对游戏的兴趣，教师也可让幼儿预设游戏的主题，准备一些材料。对幼儿在游戏过程中的大胆创新和大胆表现，教师应鼓励，分享幼儿成功的快乐，观察幼儿游戏的发展，及时丰富游戏的情境与材料
综合艺术活动	预设为主	集体与分组、个别	关注幼儿参与活动的兴趣，尽可能将教师预设活动和幼儿的生成活动有机结合，充分体现幼儿学习的主体性

表2–5　“小主人”活动课程框架表

课程目标	让每一个幼儿在各类活动中得到更完满的发展			
基本原则	面向全体幼儿、促进幼儿个性发展			
教师角色及关注点	关注每一个幼儿，为每一个幼儿创设展示自我的平台，促使他们都能在原有水平上有所发展			
活动分类	活动形式	课程类型	参与单位	设置
节庆活动（见节庆活动表）	多元形式	预设为主	班级	节日渗透
传统活动	“六一”艺术节	预设与生成相融合	全园性	上半年
	国庆体育节		全园性	下半年
团队活动	成立各种小团队	预设与生成相融合	班级及全园	一日生活

表2–6　节庆活动表

一月	二月	三月	四月	五月	六月	九月	十月	十一月	十二月
元旦	春节	三八节	地球日	劳动节	端午节	中秋节	重阳节	消防日	—
—	—	植树节	阅读日	无烟日	世界环境日	教师节	—	—	—
—	—	—	—	—	毕业典礼	推普周	—	—	—

表2–7　隐性课程表

课程目标	让幼儿成为真正意义上环境的主人，在环境的创设中促进幼儿自主成长
教师角色及关注点	关注每一个幼儿，为每一个幼儿创设展示自我的平台，促使他们都能在原有水平上有所发展

表2–8　课程评价表

评价内容	评价方式	评价主体	评价时间
幼儿发展评价	“小主人”成长档案	管理者、教师、家长、幼儿	一日生活
	幼儿成长情况评价、分析		每月、每学期记录
保教活动质量评价	随堂活动、展示交流活动、教育教学效果汇报等		日常、每月、每学期

附录2：

幼儿园主题探究活动的设计与实施

为了弥补学科领域教学对幼儿自主学习能力培养的不足，我园通过多年的教学实践，研发出适合幼儿自主学习、善于发现、主动探究的园本课程“主题探究活动”，不同年龄段有着不同的探究内容。在活动性、主体性、多元智能等理念的指导下，以年龄段为单位，确立活动主题，再把主题分解成3~4个子主题，实施“一学年一主题”的探究活动。目前，各年龄班级分别聚焦“我的小手”、“好玩的纸或瓶子”、“书海畅游”三大主题，采用“一个主题，集体设计，交互开展；一个活动，变式进行，互动生成”的方式，在集中、节约、共享、修正、不断改善的课程预定和生成过程中，思考与提高各班级主题活动的有效性，实现主题探究活动的深入化。

一、主题探究活动的内涵理解

主题探究活动是一种富有弹性、充满活力的课程。它围绕一个主题，追随幼儿的经验和生活，师生共同建构一系列预设和生成活动，借助环境和多方资源，共同探求新知。主题探究活动课程是以幼儿生活为轴心、以游戏和活动为主要形式、以幼儿自主的探究学习为主的综合性、活动型课程。课程根据幼儿认知能力发展的特点，以幼儿自身的生活为源泉，选择幼儿熟悉、感兴趣、有意义、有教育价值的主题为学习对象，将健康、语言、社会、科学、艺术等方面的学习内容有机整合在一起，通过幼儿的深入观察、主动探索、自主体验、尝试和实践活动，促进幼儿的全面发展。

二、主题探究活动的框架设计

目标上，以尊重幼儿“自主探究，体验认知”的成长特点，促进幼儿综合素质的全面发展为目标。内容选择上，从有机融合的角度，选取贴近幼儿生活的主题，适时引入传统文化，实现多元文化的相互融合、科学与人文的融合。活动安排上，“探究”既符合《纲要》中对幼儿园的活动要以游戏为基本活动的规定，又体现了活动类型的丰富性。组织与实施中，以“一学年一主题，集体设计，交互开展，变式进行”的螺旋式构建方式逐层拓展与深化。资源运用上，充分利用家庭、社区及社会的资源，发挥“三位一体”教育合力的作用。

三、主题探究活动的组织实施

（1）主题的选择：一学年一主题。幼儿园课程的内容，强调贴近幼儿生活实际，以幼儿的经验为基础，从直接生活环境中取材，充分利用能让幼儿直接感知和亲身经历的各种教育资源，让幼儿从生活中发现问题、提出问题、研究问题和解决问题。主题内容可由幼儿自己选择确定，也可由教师提供选题建议；可源于书本知识和课堂教学，也可产生于家庭或社会生活实际；可以是对自然现象的探究，也可以是对社会问题的探讨。主题资源的可获性也是主题内容选择不可忽视的问题，应考虑到幼儿园、幼儿家长及社区所具有的可利用资源。因此，主题内容的选择应注意四个依据：一是贴近幼儿生活实际，二是具有学习价值，三是有利于教育目标的落实，四是有可利用的教育资源。基于以上因素及多年的实践总结，结合幼儿的年龄特点，我们以幼儿年龄段为单位分别选取了“我的小手”、“好玩的瓶子或纸”、“书海畅游”三大主题。

（2）主题的深度与广度：“2+3主题探究活动与领域学科活动”相结合模式。开展主题的时候，时间太短容易流于表面、蜻蜓点水，造成草草结题，时间过长容易造成兴趣减弱或者疲劳。随着主题的层层展开，与主题相关的活动就逐渐展开了。主题应该要“深入”或者是“放大”到什么程度才合适呢？

经过多年的实践后，我园实施了“2+3主题探究活动与领域学科活动”相结合的模式，即每星期的周四和周五上午学习活动时间（1小时）开展主题探究活动，周一到周三上午的学习活动时间开展领域学科活动。试着统计一下我园开展主题的教学课时，第一个学期有21周（42个课时），第二学期有18周（36个课时），当中有一些节假日或许是特殊活动等，保守估计这些活动会占去8个课时的时间，那么第一学期剩下的就是34个课时，第二学期28个课时。如果孩子们的兴趣浓厚，在主题网络编制与教学观察与实践中，各个小子题还能“长”出新的发展路径，一个主题能探究62个课时，也就是一个学年。主题网络展开的线索是多方面的，从主题网络中生发出的各个小子题及其活动所涉及的领域也是非常广泛的，坚持进行深入探究活动，可以有效提高孩子们的钻研精神、耐力和毅力，使孩子在对主题的探究活动中获得各个领域许多有益的经验。

（3）主题活动的预设与生成：一个主题，集体设计，交互开展；一个活动，变式进行，互动生成。目前，我园各年龄班级分别聚焦“我的小手”、“好玩的纸或瓶子”、“书海畅游”三大主题，围绕“一个主题，集体设计，交互开展；一个活动，变式进行，互动生成”的方式，在集中、节约、共享、修正、不断改善的课程预定和生成过程中，思考与提高各班级的主题活动的有效性，实现主题探究活动的深入化。

当主题确定后，编制主题网络成为生成活动的主要环节，也是促进幼儿全面富有个性发展的有效途径。为了把握教育的整体性和层次性，避免盲目为生成而生成，在网络编制时，我们首先采取级部教师集体设计的方式进行，对本年龄段的主题预设3~4个子主题，每班分别围绕不同的子主题开展活动，在子主题开展2~3个月后，班级之间会进行子主题的交互开展。这样不仅保证了活动的整体性和教育性，而且实现了资源和智慧的共享。同时，在每一个主题探究活动开展时，各班则注重结合本班幼儿的实际情况变式进行，在师幼的互动中生成新的活动，实现“生成中有预设，预设中有生成”。例如，中班主题探究活动“好玩的纸”，在认识“纸的种类或特性”这一活动中，教师可以通过预设活动采取集体谈话的方式讲解并帮助幼儿理解，也可以指导幼儿通过翻阅资料、参观、询问等方式进行生成活动的探究。在预设活动中，幼儿能更加系统地了解有关纸的知识，而在生成活动中幼儿将会感知更多有关纸以及与其息息相关的知识经验，甚至在探究的过程中还会涉及更多更有价值的内容。值得注意的是，我们并不提倡主题活动全部生成，因为教师完全随幼儿兴趣跑，很可能会出现重复低效的教育情况。因此，在制定网络主题时，我们将幼儿自发、教师预设、师幼共同创设等不同方式有机地整合在一起，以多方互动的形式完成主题网络的设置。

下面以中班主题探究活动“好玩的纸”为例（见图2-3）予以简单介绍。

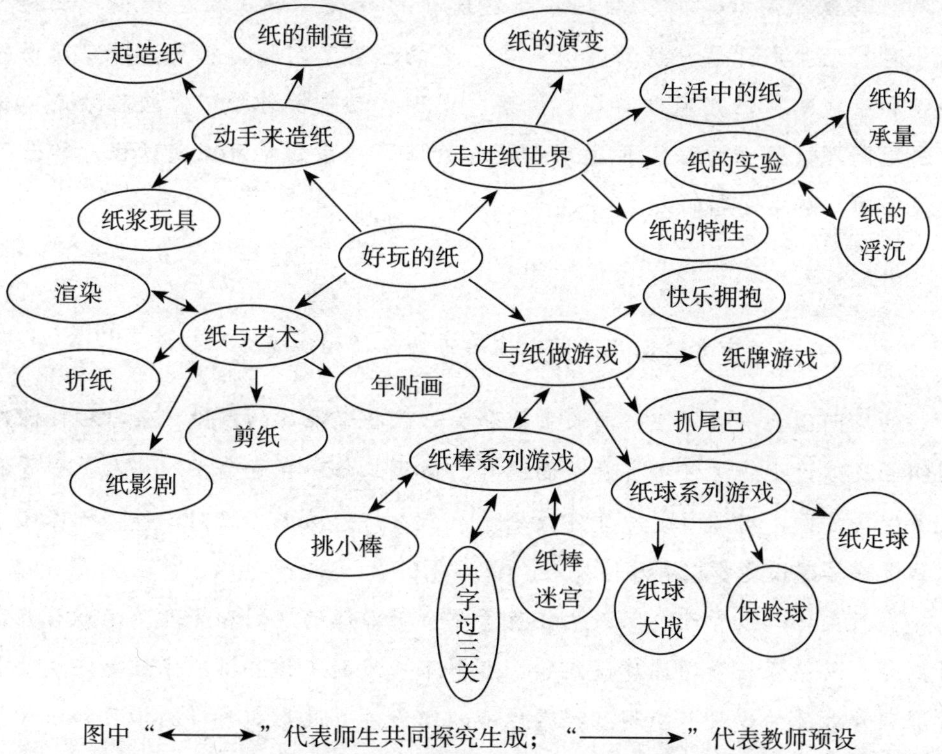

图2-3　中班主题探究活动“好玩的纸”网络图

纸是幼儿日常接触较多的材料之一。幼儿的日常生活中也充满了和纸相处的经验：从纸巾、纸盒到纸袋，从书籍、报纸到海报……纸，在幼儿生活中扮演着不可或缺的角色。中班幼儿对于纸的认识与使用都已经积累了一定的生活经验，但对于纸的历史、发展以及制作流程等并不熟悉。因此，我们依据中班幼儿的认知特点，以级部为单位，进行了集体的设计，从纸的发展史、纸的制作、纸的种类、纸的特性、玩法等层面入手预设了“走进纸的世界”、“动手来造纸”、“纸与艺术”、“与纸做游戏”四个子主题和一系列活动，让幼儿通过摆弄、探究、组合、转化各种纸制品形成属于自己的经验。例如，在做纸浆活动中，幼儿通过撕纸、浸泡、过滤等步骤制作出纸浆，然后根据自己的意图使用各种模具进行塑形，同时还可以用纸浆制作出各种立体作品，如纸球等。班级在围绕不同子主题开展活动时，则不断地在师幼的互动中生成了新的活动，如中二班在开展“纸与艺术”时，开展了丰富多彩的纸文化系列活动，生成了“纸影剧”、“渲染”等活动；中一班在开展“与纸做游戏”时，幼儿不断发现新的游戏；中三班在开展“纸的实验”时，还生成开展“纸的浮沉”与“纸的承重”实验。在主题探究活动的预设和生成中，幼儿通过游戏、观察、发现、动手操作验证、检验结论、再次发现问题、修正方法、再次动手操作验证等一系列学习探究过程，学会了发现问题、解决问题的方法。

附录3：

东莞市实验幼儿园园本课程资源库“四级管理”制度

幼儿园园长一级管理。园长重视和关心课程资源库的建设，亲自担任课题组组长及建设小组主任，负责全面统筹、协调工作。在资金投入、人员配置和设备配备方面，对课程资源库建设给予优先支持；协调各级组工作，确保园本课程资源库建设稳步、有序地发展。

保教主任二级管理。保教主任负责整个资源库的规划和管理，定期召开成员例会，总结课程资源库建设经验，部署下一步的工作安排；保教主任主要负责课程资源库的建设、应用，经常性地组织教师开展形式多样的学习和研讨活动，保证课程资源库动态运行，真正实现促进教师自主专业发展的目标。

阶梯（课题）教研组组长三级管理。组长主要负责资源库素材的收集、分类、整理以及相关素材的加工处理，确保信息资料的优秀、完整、真实。

教师个人四级管理。教师积极参加各种教学研讨活动，注重学习与积累，在平时的教学实践中有目的地开发和整理课程资源，积极参与课程的入库、修正、完善工作，并在课程资源库的应用中提升自我专业发展。

附录4：

东莞市实验幼儿园课程资源库目录（见图2-4）。

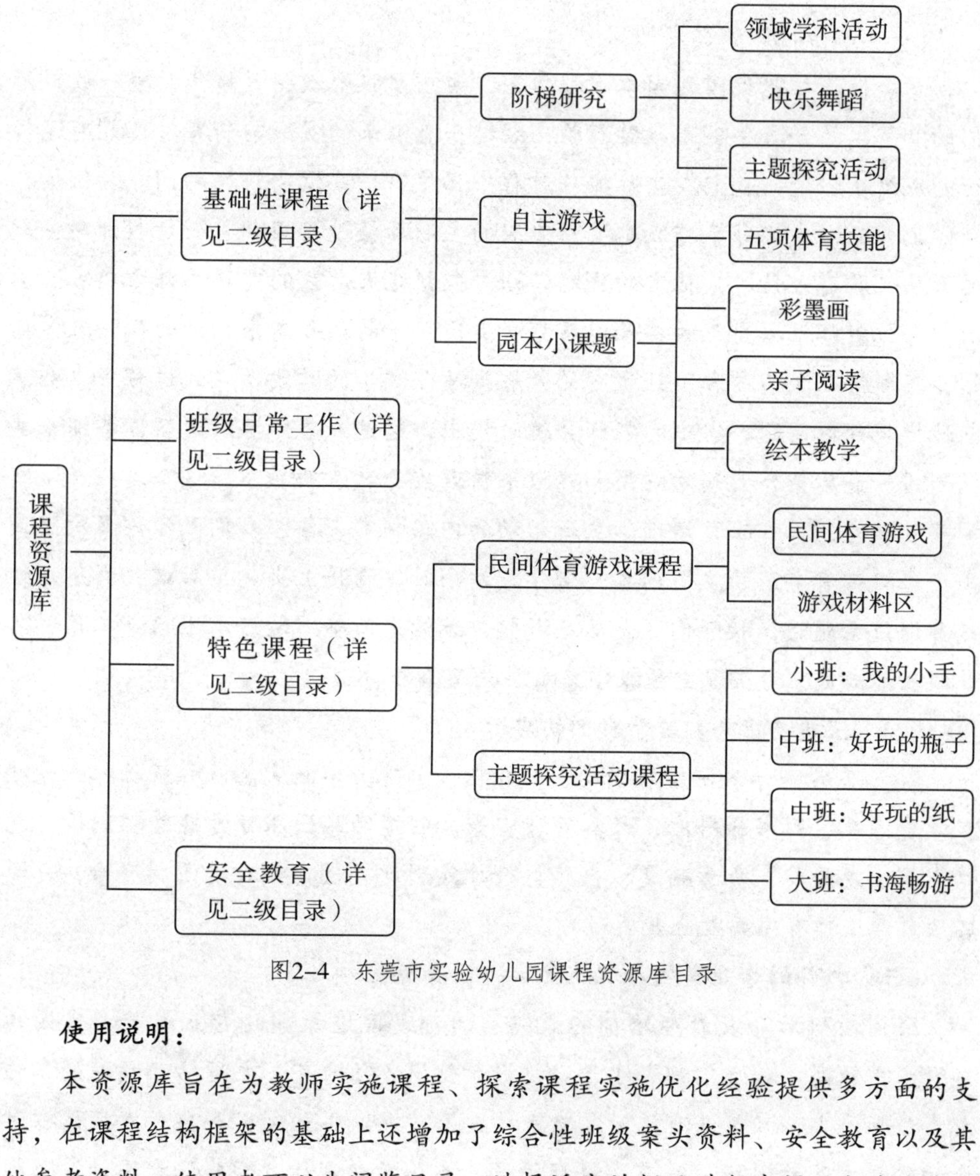

图2-4　东莞市实验幼儿园课程资源库目录

使用说明：

本资源库旨在为教师实施课程、探索课程实施优化经验提供多方面的支持，在课程结构框架的基础上还增加了综合性班级案头资料、安全教育以及其他参考资料。使用者可以先阅览目录，选择适宜的栏目进行查阅；也欢迎使用者在使用过程中，提出宝贵意见，丰富资源内容。

附录5：

东莞市实验幼儿园“主题电子资源库”使用指南

一、创建园内“主题电子资料库”的缘由

（一）融合性课程引发的思考

融合性课程是我园的园本课程体系，聚众多版本教材之精华，凝一线教师们的智慧，结合多年实践教学经验，经过一直以来的实践与研究，已经有了较好的成绩。但是，我们在实际操作过程中仍然有一些需要解决的问题。例如，新学期开始，我们每个班级都要对班级的主题开展进行规划，好让教师对主题的开展“胸有成竹”，拟定的主题计划中包括绝大部分的建构式课程内容。然后，每位教师根据自己的特长以及分析本班孩子的认知需求，认真研读教学计划，不断修正主题内容，让主题的开展更适合孩子的需要。在此过程中，会不断地出现疑难问题，当班的教师会适时提出，通过业务学习或者集体备课来共同研讨，最后集合大家的意见和建议来梳理较为满意的教案。这个过程是不断周而复始的，工作难免烦琐。主题活动的内容制定、备课我们做了许多次了，每个班级都有丰富的主题内容，但学期结束时，资料上交完毕后就丢失了。继续备课该主题时，教师们还是从头做起，继续走旧路。做好承上启下工作，为一线教师减负，为实现主题教学更上层楼而工作。

（二）宝典《指南》给予我们的启示

《3–6岁儿童学习与发展指南》中指出：创建并不断完善课程资源库，包括教学资源库、图书资料库、教具管理室等；创建幼儿园课程资源管理制度，包括专人（或兼职）负责制度、自然材料收集制度、教具收放借还制度等，方便各项教学工作有序高效地开展。

（三）教师的专业发展与职业素养的触动发展

任何教研活动或教师培训的最终目的都是促进教师的专业成长。我园的师资水平较高，教师们都勤于学习、勤于钻研各项业务，主题活动精髓的东西都在教师手上，只是没有适时拿出来给大家分享。再加上，在自行发展课程时会面临几方面的问题：一是，教师的设计多属活动设计，而非课程设计。教师设计的教材大多欠缺整体课程设计概念，忽视了课程要素（目标、内容、方法和评估）间的关系，导致课程内容显得零散杂乱，缺乏统整与连贯性。整个学

期、一年、两年、三年下来，计划要培养出一个什么特色或特性的学生，是一件值得教育工作者关心与思考的事。教师完全自行设计课程是否能达到教育的目的（非活动的目标）？这是一件值得关注的议题。二是教师可以用来设计课程的时间不足。除上班时间用于处理园务、进行教学、解决幼儿生理与心理等行为问题之外，还有假日进修等庞杂的事务，教师没有足够的时间与体力来设计一套较完整的课程。三是“一个诸葛亮比不上三个臭皮匠”。自行研发的课程不容易获得专业上的支持，且容易受个人经验及思考方向的限制。因此，课程设计必须由团队共同完成，而团队成员应包括课程专家、幼教专家，“臭皮匠”中应包括理论素养和实务经验各有专长的人或兼具者。如此多人相互脑力激荡下，才可能完成一套教材的设计工作。一个教师或一个园里的教师们是无法独立设计出一套完整且丰富的课程的。

二、创建园内“主题电子资料库”的意义

为了更好地沉淀、传承各学期的主题活动瑰宝，为了让教师们在任何时间、任何地点都能随心所欲地浏览、借鉴前人的主题经验，创建一个“主题电子资料库”势在必行。资料库的创设按照“统一要求、自主建设、资源共享、择优支持、验收监测、持续更新”的方式组织实施。

（1）统一要求：在园领导的引领下，带领主题组成员经过协商、决议制定相关的制度与要求，动员教师们严格按照要求，积极分享主题资料。

（2）自主建设：鼓励教师们认真做好课前的主题规划，活动中细心读懂孩子的需求，从孩子的实际需要出发，用心开展适合孩子的主题内容，呈现出“百花齐放”的景象。

（3）资源共享：资料库建设应得到教师们的充分支持，给予教师们充足的参考资源，集教师们的智慧，达到资源共享，减负教师，推动主题活动高效开展。

（4）择优支持：动员教师们按照要求，不定时上交服务于主题活动的操作材料，定时上交主题活动的方案内容，及时汇总保存，便于大家借鉴使用。

（5）验收监测：“主题电子资源库”材料多、涉及面广。平时单靠教具室管理，工作量相当大。所以，我们把主题组内的组员动员起来，在遵守教具室统一管理制度的条件下，设立组员线形分管自己所在级部的资料收集（见图2-5）。这样进行由下而上的收集，专人再把关验收归档保存的合理分工，才能让教师既收集得快，又便于管理。

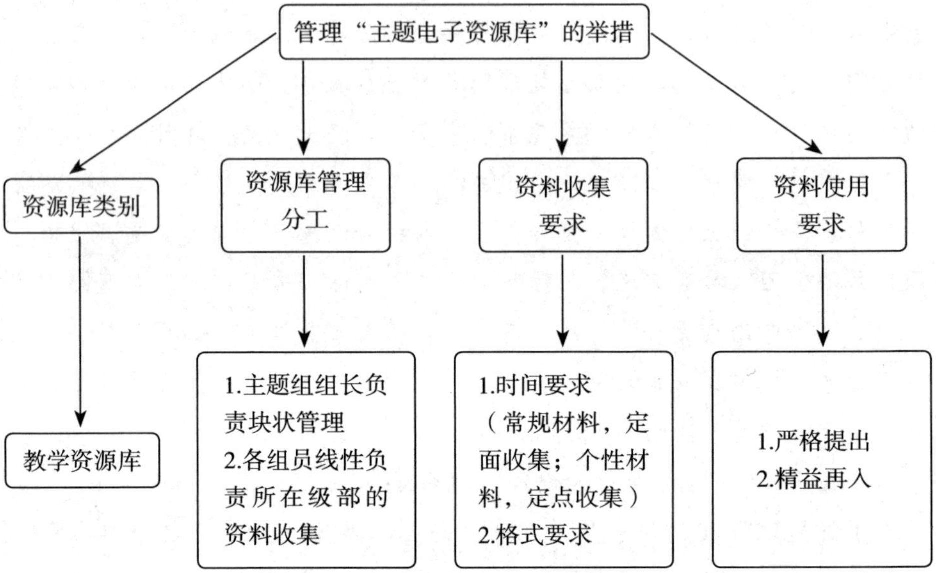

图2-5　组员分管自己所在级部的资料收集线形图

注：常规材料是指规定一学期必须撰写的主题活动方案，教师们学期末直接上交教具室；个性材料是指在主题活动中产生的所有材料，包括为活动服务的图片、表格、操作材料等，随时上交分管该级部的组员，再上交教具室，归档分类存放。

（6）持续更新：虽然存放于“主题电子资源库”的资料都是通过验收、择优的，但是仍需要不断更新。鼓励大家探索以使用、共建共享、开放建设、动态更新的机制，保证“主题电子资源库”不断有更新，不断高效地服务于一线教学。

三、“主题电子资源库”内容的建设

（1）基本资源：必须以专业教学内容与课程体系改革为前提系统设计，以碎片化的资源建设为基础，以结构化的课程建设为骨架，充分发挥多媒体技术展示资源的优势，开发建设以学习者为中心的必要数字资源。基本资源须覆盖专业所有基本知识点和岗位基本技能点。

（2）主要内容：“主题电子资源库”的内容必须包括主题框架介绍、主题活动课程方案、主题区创设、各种记录表及环境创设等。以实际教学的瑰宝汇集来实现功能定位，强化资源库的“辅教”功能。

四、“主题电子资源库”的使用说明

（1）园内网络浏览。

（2）云盘浏览。

第一步：360云盘账号：1392×××××××，登录密码：YU××××××。

第二步：根据以下指示浏览。

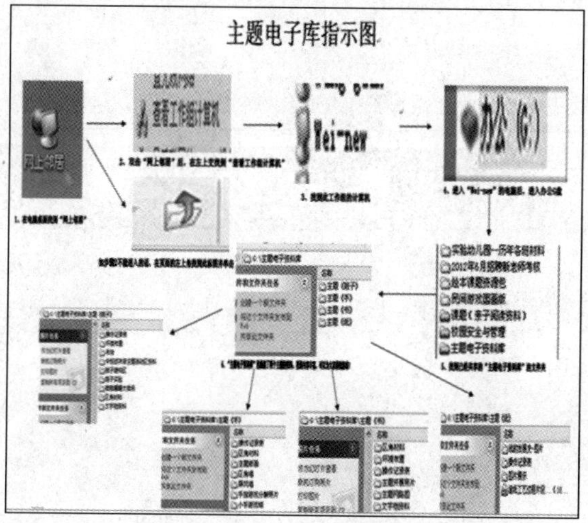

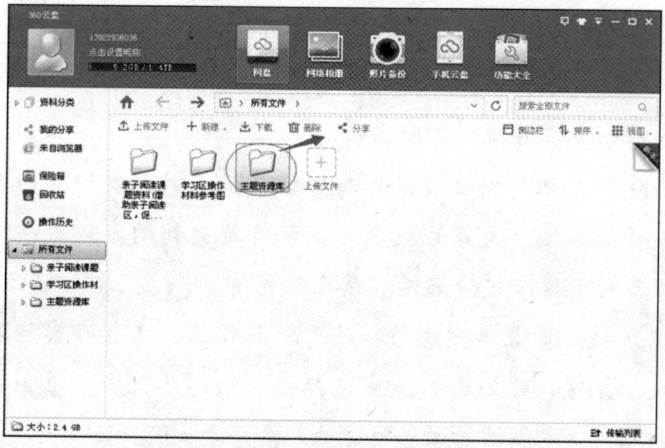

图2-6 “主题电子资源库”浏览指示

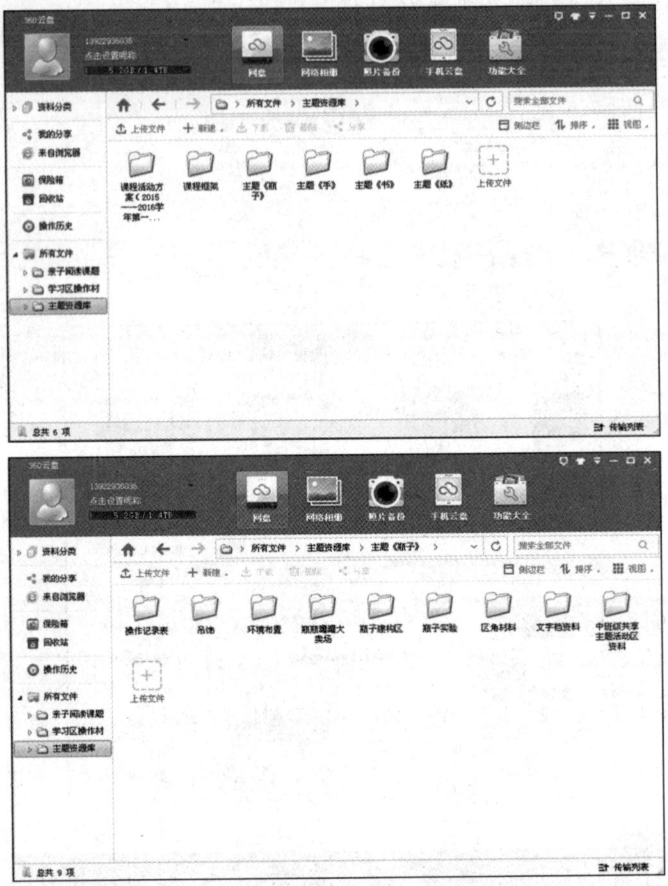

图2-6 “主题电子资源库”浏览指示（续）

五、“主题电子资源库”保障措施

（1）组织保障：本资料库里的所有资源属于大家的共同劳动成果，是实幼人合作优势互补的体现，大家应该共同保护，把最新的主题教学实践引入资源库里，为资源库的可持续建设提供实质性的支持。

（2）知识产权：资源库里的内容属于职务作品，东莞市实验幼儿园享有资源库的著作权，并保证资源内容没有侵犯他人知识产权和其他合法权益；参与建设的个人对其原创完成的资源享有署名权。

东莞市实验幼儿园主题组

2015年12月25日

第三章

莞香文化背景下园本特色课程的建构与实施[①]

《幼儿园教育指导纲要（试行）》指出："要充分利用社会资源，引导幼儿实际感受祖国文化的丰富与优秀，感受家乡的变化和发展，激发幼儿爱家乡、爱祖国的情感。"

香市幼儿园坐落于享有"古代香市，现代香都"美誉的东莞市寮步镇。独特的地方资源特色造就了本园"莞香文化"的特色教育。本园多年前就确定将"莞香文化"作为本园的办园文化特色之一，且围绕莞香文化进行园本课程的探索和实践，利用丰富的文化资源和形式来激发幼儿的学习兴趣，形成随处可见、可用的活教材，以此推动园本课程和园所文化的建设，丰富幼儿园的办园内涵，深化办园特色。

① 本章作者为广东省东莞市寮步镇香市幼儿园郭玲。

东莞市寮步镇香市幼儿园简介

【成长历程】

东莞市寮步镇香市幼儿园原名河滨幼儿园，于1995年9月建园，2009年更名为香市幼儿园。香市幼儿园是镇政府直属的全日制公办幼儿园，2005年被评为东莞市一级幼儿园，2014年被评为广东省一级幼儿园。

【园所概况】

毗邻寮步镇香市文化中心区，沐浴“现代香都”的文化香韵，香市幼儿园以规范办园，以品牌立园，逐步发展成为现代化的儿童成长新乐园。香市幼儿园占地面积4899平方米，在800平方米的操场上配备了30米直跑道与充足的平衡、攀爬大型户外设施；开辟了日光长廊、小花园、戏水池、游泳池、玩沙池、种植园等儿童活动场所。室内场所严格按照省一级幼儿园的标准配备了活动室、独立睡室和功能室。共有12个教学班，教职员工60名，教师队伍专业合格率100%，大专率100%（含在读）；保育员12人，专业持证率100%，教职工队伍稳定，结构合理，学历达标，经验丰富，富有爱心和责任感。

【办园特色】

办园宗旨：给孩子一个幸福快乐的童年，为孩子打造亮丽的人生底色。

二十多年来，香市幼儿园传承历史，开拓未来。

“香悦”文化引领园所发展。香市幼儿园以传承历史文化为己任，融合莞香文化精髓，创新发展“香悦”文化，开展本土文化教育，培养身心健康的儿童，实行人文科学管理，打造和谐家园氛围。

健康教育促进幼儿成长。以健康“香悦”文化为引领，香市幼儿园打造健康教育品牌，以基础课程为主，结合心理课程、体能课程、食育课程、莞香特色活动，引领幼儿健康学习，健康运动，健康生活。

科研并进提升师资水平。香市幼儿园坚持以研促教、科研兴园，2011年香市幼儿园科研课题“幼儿园父子（女）游戏活动的设计与实施研究”获广东省中小学教育创新成果二等奖、东莞市教育科研成果一等奖；2019年课题“幼儿专注力培养的实践研究”获广东省中小学教育创新成果三等奖、东莞市优秀教育教学成果一等奖。教研并进，科研水平与师资实力稳步提升。

【办园成果】

香市幼儿园自办园以来，先后获得了广东省巾帼文明岗、东莞市一级幼儿园、东莞市绿色幼儿园、东莞市普教系统文明单位、东莞市普教系统教育科研先进单位、寮步镇先进家长学校等光荣称号，连年获得寮步镇幼儿园保教质量评比一等奖，2014年被评为广东省一级幼儿园，2015年被评为省特级档案综合管理单位。

第一节　园本课程的缘起及意义

一、缘起

生命的高贵在于创造。所谓文化的传承，传承的是一种独特性，传承的是一种文化思维。一个民族只有在传承的基础上，才能了解历史，把握当下，创造未来。基于此，我们民族中新的一代应基于传统的基石，发挥历史浑厚的力量，结合时代的发展趋势去创造，去发展，去谱写新的历史篇章。

莞香作为岭南文化产物由来已久，2007年被评为省级非物质文化遗产。东莞市寮步镇在明清时期是莞香贸易的重要市场。从明朝时期起，与广州花市、罗浮山药市、廉州珠市，并称为“广东四市”，享有“古代香市，现代香都”的美誉。但由于历史缘故，莞香经历了数百年的文化断层。2009年，地方政府大力复兴莞香文化，特别强调要加强对莞香文化的挖掘和保护，以推动文化经济产业发展。

在复兴莞香文化的背景下，寮步镇中小学教育工作者以文化传承为目的，结合本土概况、莞香文化与人文民俗等方面，编著了中小学文化学习乡土教材《魅力香市》《莞香·香市》，并在中小学开设本土文化学习课程及活动。

东莞市寮步镇香市幼儿园位于寮步镇老城区中心，毗邻风景优美的香江公园与历史悠久的芽香街，人文氛围浓郁，社区配套成熟，拥有得天独厚的育人环境。香市幼儿园原名“河滨幼儿园”，是镇政府直属的全日制公办幼儿园。2009年在政府大力复兴莞香文化的背景下，正式更名为“香市幼儿园”。以“香市”命名，寓意传承，更包含创新、发展之意。传承历史，开拓未来，是新时代赋予幼儿园的教育使命。

近年来，东莞市寮步镇香市幼儿园结合幼儿发展需要，在理论与纲领精神的指导下积极思考幼儿园文化传承教育的实施路径与实践意义，尝试将适宜幼儿学习的本土莞香文化融入课程，旨在让幼儿认识家乡、热爱家乡，既让幼儿了解“我从哪里来”，更促使幼儿萌发“我到哪里去”的“根芽”。通过开展幼儿喜闻乐见的文化课程活动，创设潜移默化的育人文化环境，让幼儿从小认识家乡文化，汲取历史文化精髓，树立文化自信。他们希望，新一代的幼儿从小能认识文化，将文化纳入心中，融入筋骨，化作力量。未来，这股浑厚的力量将伴随孩子成人成才，不断开拓创新，奋发前行。

二、意义

（一）认识本土文化是幼儿学习与发展的需要

为加强对莞香文化的挖掘和保护，寮步镇政府每年举办香博会，通过兴建香市公园、香市文化博物馆、香江公园、牙香街、莞香林基地等一系列举措，努力复兴莞香文化，打造城市文化品牌，促使莞香本土文化氛围浓郁、社区资源充足。

《纲要》中指出，幼儿教育应“充分利用自然环境和社区的教育资源，扩展幼儿生活和学习的空间”，“充分利用社会资源，引导幼儿实际感受祖国文化的丰富与优秀，感受家乡的变化和发展，激发幼儿爱家乡、爱祖国的情感”。

《指南》“社会适应”中的一项发展目标是：幼儿要“具有初步的归属感”，其具体要求见表3–1。

表3–1　3~6岁不同年龄段的幼儿初步谈家乡的要求

3~4岁	4~5岁	5~6岁
能说出自己家所在街道、小区（乡、镇、村）的名称	能说出自己家所在的省、市、县（区）名称，知道当地有代表性的物产或景观	能感受家乡的发展变化并为此感到高兴

因此，根据幼儿年龄阶段与学习特点，选取适宜幼儿学习的莞香文化资源融入幼儿园课程，引领幼儿感受与认识本土文化，感受家乡过去与现在的发展变化，激发幼儿热爱家乡、热爱祖国的情感，既是传承和弘扬祖国优秀传统文化及地域文化的体现，更符合幼儿学习与发展的需要。

（二）传承本土文化是民族继承与发展的需要

习近平总书记在孔子诞辰2565周年国际学术研讨会暨国际儒学联合会第

五届会员大会开幕会的讲话中指出：“不忘历史才能开辟未来，善于继承才能善于创新。优秀传统文化是一个国家、一个民族传承和发展的根本，如果丢掉了，就割断了精神命脉。我们要善于把弘扬优秀传统文化和发展现实文化有机统一起来，紧密结合起来，在继承中发展，在发展中继承。”①

中国香道文化源远流长。香道文化肇始于春秋，成长于汉，完备于唐，鼎盛于宋。香道，是通过眼观、手触、鼻嗅等品香形式对名贵香料进行全身心性鉴赏的艺术形式，过程中遵守令人愉悦和规矩的秩序，在仪式感中感受艺术带来的美。古代文人常把斗香、品茶、插画等结合在一起，创造丰富多彩的艺术活动。

岭南莞香文化是香道文化的重要代表之一。莞香树是唯一一种以地名命名的香树。莞香树干受伤以后，伤口受真菌感染，分泌香油脂，凝结会形成沉香。沉香是珍贵的香木，能制作上等香料、名贵工艺品等各种香产品，并具有很高的药用价值。作为岭南历史上独具特色的文化遗产，东莞莞香文化承载了极其丰富的历史文化信息和极高的精神价值。

寮步镇在明清时期是莞香贸易的重要市场，因而有“香市”的别称。政府为保护莞香文化资源，发展文化经济产业，近年来大力复兴莞香文化。但由于历史原因，莞香文化经历了数百年的文化断层。现代本土居民对莞香文化的认识不足，导致在政府带动的产业转型与城市文化建设中出现了政府文化供给与群众文化需求不相吻合的问题。政府主导的文化建设亟待转化为以社群为主的文化。②

传承与弘扬莞香文化是幼儿园新时代的教育使命。引导幼儿感知与认识本土文化，激发幼儿爱家乡、爱祖国的情感，是我们民族中新的一代继承历史、发展未来的基础，更是幼儿园教育不可推卸的责任。

（三）融入本土文化是园本特色课程建设的需要

基于传承与发展优秀传统文化的责任与教育使命，香市幼儿园融合莞香文

① 习近平. 习近平谈治国理政（第二卷）［M］. 北京：外文出版社，2017：313.

② 丁玲. “莞香”传统的再造与困境——以东莞文化名城建设为例［J］. 文化纵横，2015（1）：116-119.

化精髓，积极思考本土文化传承教育的实施路径与课程建构的适宜性。

在幼儿园课程适宜性方面，有学者提出了“幼儿园课程的文化适宜性”，指幼儿园要为儿童提供适宜文化和时代背景的课程。①王倩倩等提出，幼儿园应当重视园本课程开发，利用本土资源增强园本课程的适宜性。一是依据园本课程价值，开发本土文化资源，促进幼儿隐性的情感、态度、价值观的发展。二是依据幼儿发展需求，整合本土文化资源，促进幼儿充分、主动地活动。②

基于以上，香市幼儿园选择适宜幼儿学习与理解的本土莞香文化资源融入课程，形成园本莞香文化特色课程，既是基于传承与发展历史文化的使命，更是满足园本特色课程适宜性建设的需要。

第二节 园本课程建构的理论依据及概念界定

一、理论依据

（一）基于布朗芬布伦纳的生态系统理论观点

美国著名人类学家和生态心理学家布朗芬布伦纳（Bronfenbrenner，1979）提出了“四系统观”的生态系统理论，认为个体的发展与周围环境之间相互构成了若干个系统，即微观系统、中介系统、外在系统及宏观系统。其中，微观系统（Microsystems）包括家庭、学校、同辈等，中介系统（Mesosystems）包括学校与家庭、家庭与邻居之间的相互联系，外在系统（Exosystems）包括父母的工作单位、学校的领导机构、当地的教育主管部门等，宏观系统

① 冯晓霞.幼儿园课程［M］.北京：北京师范大学出版社，2001：14.

② 王倩倩，吴玲.幼儿园课程适宜性的实现策略［J］.江苏幼儿教育，2014（3）：80-82.

（Macrosystems）包括整个社会长期形成的政治、经济、文化、社会形态及社会结构等[①]（图3-1）。

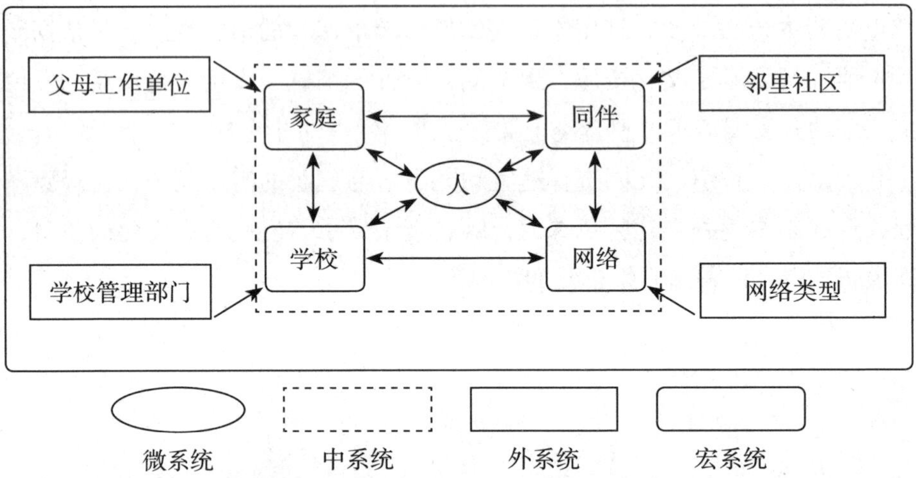

图3-1　布朗芬布伦纳生态系统理论

幼儿是一个社会人，幼儿的发展离不开其生活的社会环境。置身其中，无论是宏观系统还是微观系统，都对幼儿的发展有着不同程度的影响。基于布朗芬布伦纳的生态学观点，幼儿园将当代时代背景下的本土莞香文化融入园本特色课程，以幼儿园为核心，推动家庭、社区、当地相关部门等对幼儿文化教育的重视与参与，使幼儿从小认识本土文化与社会习俗，更有利于幼儿适应社会生活，改善未来的生活。

（二）基于中外教育家“生活教育”的思想

1. 陈鹤琴园本课程思想

中国现代教育家陈鹤琴提出了“大自然、大社会都是活教材”的教育思想，认为“幼稚园的课程应以自然和社会为中心”[②]，“所有的课程都要从人生实际生活与经验里选出来”[③]。因此要依据幼儿园地理位置、周围自然环境

① 车广吉，丁艳辉，徐明.论构建学校、家庭、社会教育一体化的德育体系——尤·布朗芬布伦纳发展生态学理论的启示［J］.东北师大学报（哲学社会科学版），2007（4）：155-160.

② 北京市教育科学研究所.陈鹤琴教育文集（下卷）［M］.北京：北京出版社，1985.

③ 陈鹤琴.我的半生［M］.香港：山边社，1990.

以及社会习俗、时令、时节、生活习惯等，充分挖掘本园课程资源，实施幼儿熟悉的、贴近生活的“园本性”课程。依据陈鹤琴的园本课程思想，幼儿园选取本土适宜幼儿学习的莞香文化资源，结合当地人文风俗与生活习惯，形成具有园本特色、贴近幼儿生活与经验的特色课程。

2. 陶行知“生活即教育”

“生活即教育”是现代教育家陶行知“生活教育”的核心教育思想之一，指生活含有教育的意义，实际生活是教育的中心。生活决定教育，教育改造生活。莞香文化背景下的园本特色课程，将文化教育融入幼儿生活活动、学习活动与游戏活动，结合家庭活动与社区实践活动，真正使文化教育渗透幼儿生活与学习的方方面面，使幼儿在环境与活动中潜移默化地吸收文化精髓，是“生活即教育”教育思想的实践体现。

3. 杜威教育思想

美国著名教育家杜威提出“教育即生活”的教育思想。在杜威看来，一切事物的存在都是人与环境相互作用产生的，人不能脱离环境，学校也不能脱离眼前的生活。他认为必须把教育与儿童的眼前生活融为一体，教儿童学会适应眼前的生活环境，这才是教育的本质所在。

根据“教育即生活”，杜威又提出了一个基本的教育原则——“学校即社会”，明确提出应把学校创造为一个小型的社会，使“每个学校都成为一种雏形的社会生活，以反映大社会生活的各种类型的作业进行活动”，从而培养能够适应现实生活的人。

另外，杜威强调“做中学”的教育原则，认为教育是经验的不断改造的过程。这种改造或改组，既能增加经验的意义，又能提高后来经验进程的能力。他把教育视为从已知经验到未知经验的连续过程，这种过程不是教给儿童既有的科学知识，而是让他们在生活中不断增加经验。经验的获得离不开儿童的亲身活动，因此儿童经验的获得需要从“做中学”，这是教学的中心原则。

依据杜威的教育思想，幼儿园将莞香文化融入幼儿一日生活环节，包括学习活动、自主游戏、生活活动，并结合家庭活动与社会实践，让幼儿在生活中体验文化，在实践中感受文化，萌发对本土文化的热爱。

（三）基于维果茨基的文化历史发展理论

苏联心理学家维果茨基从历史唯物主义的观点出发，首次注意到了社会以及文化对人类心理的影响。他在20世纪30年代提出“文化历史发展理论”，他认为，人的思维和智力是在活动中发展起来的，是各种活动、社会性相互作用不断内化的结果。儿童的认知发展更多地依赖于周围人们的帮助，儿童的知识、思想、态度、价值观都是在与他人的交往中发展起来的。将文化融入教育，发展幼儿的文化认知与文化思维，是幼儿社会性发展的重要体现。

二、核心概念界定

（一）文化

文化是人类在历史发展中不断创造和发展起来的，是包括实物、知识、信仰、艺术、道德、法律、风俗等的复合体。

（二）莞香文化

莞香树，以“莞”命名，是中国唯一一种以地名命名的香树。莞香树树干因自然或人工致其受伤，伤口分泌香油脂而凝结成莞香。结合文化的概念，莞香文化被理解为与莞香相关的实物及景点、历史与知识、工艺品、艺术创作、香道礼仪、本土风俗等综合体，是具有当地莞香特色的精神及物质总和。

（三）课程

基于对幼儿学习特点与学习方式的理解，选用伯纳德·斯波戴克（Bernard Spodek）对幼儿园课程概念的界定，即：“教师为在园儿童提供的有组织的经验形式，包括提供正规的教育经验、各种作业和向儿童提供各种非正规的教育机会。这些非正规的教育机会包括儿童的游戏活动和照料自己的日常生活所必需的各种活动。”①

（四）园本课程

园本课程源于校本课程（School-based Curriculum），“园本”一词源自“校本”，意为“以幼儿园为本”。虞永平（2001）认为园本课程是指以幼儿园之“本”为根本创建起来的课程，是基于幼儿园现实成长起来、与幼儿园师资条件、资源等一致的课程。园本课程有以下几个特征：首先，园本课程是在幼儿园内逐渐建立起来的课程，教师是主力军，是课程开发的主体。

① 范亮.传统科技融入幼儿园课程研究［D］.重庆：西南大学，2018.

其次，园本课程不只代表一个课程方案，它还代表一个幼儿园课程资源得到开发、利用的过程，一个幼儿园特色日渐显著的过程，体现幼儿自身特色。最后，园本课程不是一成不变的。随着幼儿园课程的研究，幼儿园的基础、现状、条件会不断变化，幼儿园课程也必须跟上这种变化，使园本课程真正拥有立之“本”。

基于以上，笔者将幼儿园园本课程理解为：以教师为课程的开发主体，在能力所及和现实所允许的范围内，从幼儿园实际的资源和需求出发，通过开发适合本园的课程资源而生成的课程。①

第三节　园本课程的建构过程

一、园本课程建构的可行性分析

（一）家园文化认识基础

通过问卷调查了解师生及家长对莞香文化的认识情况。调查选取了幼儿园114名教师及家长，分别就了解莞香的渠道、认识莞香的情况、参与莞香文化教育的意愿方面等开展调查。

（1）教师及家长对莞香文化的认识（表3–2）。

表3–2　教师及家长对莞香文化认识情况统计（N=114，单位：人）

项目	人数	百分比（%）	累计百分比（%）
没听过或没见过	4	3.5	3.5
有见过	55	48.25	51.75

① 谢佳佳.基于自然环境的幼儿园科学领域园本课程开发研究［D］.天水：天水师范学院，2019.

续 表

项目	人数	百分比（%）	累计百分比（%）
有了解过	50	43.9	95.65
经常接触莞香	5	4.39	100
总计	114	100	—

从表3–2的数据可以看出，有55名教师及家长有见过莞香，占比48.25%；有50名教师及家长有了解过莞香，占比43.9%；有5名教师及家长经常接触莞香，占比4.39%，三者之和为96.54%。说明大部分教师及家长对莞香文化有一定的了解，但生活中不经常接触莞香，仅处于见过或了解过的状态。

（2）教师及家长了解莞香文化的渠道（表3–3）。

表3–3　教师及家长了解莞香文化的渠道

项目	人数	百分比（%）
电视	67	58.77
报纸	25	21.93
其他	50	43.86
没见过	3	2.63

从表3–3的数据可以看出，在政府大力复兴莞香文化的背景下，累计80.7%的教师及家长通过电视、报纸等传媒了解莞香文化，43.86%的教师及家长通过其他渠道了解莞香文化，其中包括通过参观沉香文化博物馆、牙香街等本土旅游景点以及参加沉香国际博览会、政府莞香文化宣传等文化推广活动了解莞香文化。

（3）教师及家长参与莞香文化教育的意愿（表3–4）。

表3–4　教师及家长参与莞香文化教育的意愿

项目	人数	百分比（%）	累计百分比（%）
非常愿意	100	87.72	87.72
一般愿意	14	12.28	100
不感兴趣	0	0	100
不想了解	0	0	100
总计	114	100	—

从表3–4的数据可以看出，有100名教师及家长非常愿意参与莞香文化教育，占比87.72%；12.28%表达一般的态度，可参与，也可不参与；没有教师或家长表示“不感兴趣”或“不想了解”。

通过对调查结果的分析发现，莞香文化背景下“香悦”园本特色课程的建构具有可行性，体现在以下两个方面。

第一，大部分教师及家长通过电视、报纸、专著及本土文化旅游景区参观实践，对莞香文化已经有一定的认识基础。

第二，教师及家长参与莞香文化教育的热情较高，普遍认为莞香文化源远流长，幼儿园引领幼儿从小认识本土家乡文化，既有利于弘扬优秀传统文化，更有助于推动莞香文化经济产业的发展，使优秀而独特的莞香文化走向国际化，为文化产业开拓更广阔的发展前景。

（二）社区文化教育资源

通过走访社区、查阅专著文献、搜索媒体平台等方式，了解莞香文化的社区文化资源，包括莞香精神文化资源与物质文化资源（表3–5），为下一步挖掘适宜幼儿学习的教育文化资源做充分准备。

表3–5 社区文化教育资源

资源类别	资源内容	教育意象及教育资源
精神文化资源	莞香生长与结香过程	谦逊、坚忍、抗挫、无私奉献精神
	香道文化	健康生活理念、文明礼仪元素
	本土香农	勤劳朴实、工匠精神
物质文化资源	艺术文化资源	莞香艺术工艺品
	传媒文化资源	电视剧《莞香》、歌曲《女儿香》、出版物《香市溯源》《香市传奇》等
	经济产业资源	沉香文化博览会
	旅游建筑资源	沉香文化博物馆、牙香街、香巴拉景区、香市公园、佛灵湖郊野公园、西溪古村等

二、园本课程建构策略

1. 挖掘适宜的文化资源融入课程

在众多的资源中，教师以《纲要》《指南》为指引，根据幼儿的学习与发展特点，严格筛选适宜幼儿学习的文化资源。

（1）将莞香精神文化资源融入课程。

案例1：中班语言活动“坚强的莞香”

《纲要》中指出：“提供自由活动的机会，支持幼儿自主地选择、计划活动，鼓励他们通过多方面的努力解决问题，不轻易放弃克服困难的尝试。”结合莞香树“受伤分泌香油脂而凝香”的特点，教师提炼莞香“坚韧、抗挫与无私奉献”的精神品格，创编《坚强的莞香》绘本故事。

【活动名称】

坚强的莞香。

【活动领域】

语言。

【活动目标】

（1）通过聆听故事，认识莞香的结香过程。

（2）能随着故事的展开体会作品所表达的情绪、情感。

（3）感受莞香坚强抗挫的精神与无私奉献的良好品格。

【活动形式】

集体活动。

【活动过程】

教师讲述莞香树受伤后坚韧不拔、愈疗伤口、凝结莞香、奉献香气的故事，让幼儿感受莞香坚毅的精神。可结合绘本故事表演开展拓展延伸活动。

（2）将莞香物质文化资源融入课程。

案例2：中班亲子情景剧与社会实践活动

《纲要》中指出：“在幼儿生活经验的基础上，帮助幼儿了解自然、环境与人类生活的关系。从身边的小事入手，培养初步的环保意识和行为。”结合莞香树既有绿化环境的作用且又能获得经济效益的特点，教师创编儿童故事情景剧《莞香报恩》，并以亲子表演的形式开展，带动家长参与文化教育活动。同时，结合社区资源开展参观莞香林与种植莞香树社会实践活动，让幼儿在亲身体验中感受自然绿化环境带给人类的美好，并通过实际操作培养幼儿初步的环保意识。

（1）亲子情景剧故事《莞香报恩》。

【活动名称】

莞香报恩。

【活动形式】

亲子情景剧表演。

【活动过程】

结合家长资源，共同开展亲子情景剧表演。剧本概要：莞香小树苗孤零零地种在园子里，感觉好孤单。后来，主人在莞香小树苗旁边多种了另外几株小莞香，从此小树苗不再孤独。莞香树一同长大，成为好朋友，一同经历风风雨雨，最后自然凝成珍贵的沉香，报答主人多年的培育之恩。

（2）社会实践活动：参观莞香林、种植莞香树。

【活动名称】

寻香之旅和小莞香，快快长。

【活动过程】

幼儿走访莞香林种植基地，了解莞香树的生长环境。春季开展莞香树种植活动，以实际行动绿化环境。保护自然。

2. 基于幼儿学习特点设计课程活动

《指南》中指出："理解幼儿的学习方式和特点。幼儿的学习是以直接经验为基础，在游戏和日常生活中进行的。要珍视游戏和生活的独特价值，创设丰富的教育环境，合理安排一日生活，最大限度地支持和满足幼儿通过直接感知、实际操作和亲身体验获取经验的需要。"基于幼儿的学习特点，教师将适宜幼儿学习的莞香文化资源转化为视频、歌曲、故事等各种形式，设计幼儿喜爱的情景剧、舞蹈、游戏、社会实践等活动，运用幼儿喜闻乐见和能够理解的方式，让幼儿了解家乡本土文化，激发幼儿爱家乡、爱祖国的情感。以大班"品香"特色课程"莞香与生活"主题为例，教师依据理论引领，结合莞香的文化元素，设计幼儿喜爱的文化活动（表3–6）。

表3–6　莞香文化特色课程活动设计（大班）

主题	理论依据	学习领域	文化元素	活动名称	活动形式
品香	《纲要》中指出："结合和利用生活经验，帮助幼儿认识自然环境，初步了解自然与自己生活的关系。"	健康	莞香茶	"品尝香茶"	区域操作
		语言	莞香的用途	"香香的树"	亲子话剧
		社会	香道礼仪	"优雅的香道"	小组体验
		科学	莞香造纸	"香香的纸怎样来"	社会实践
		艺术	莞香艺术	"莞香与城市Logo"	集体活动

3. 结合幼儿园一日生活建构课程方案

以"一日生活皆课程"为理念引领，依据《广东省幼儿园一日活动指引（试行）》实施指引，将幼儿园莞香文化教育适当融入幼儿生活活动、自主游戏活动和学习活动中，让幼儿在潜移默化中感受莞香文化，形成特色课程文化。

生活活动：结合香道文化"文明、优雅、讲究秩序、崇尚健康"的文化元素，在一日生活环节中引导幼儿讲文明、守秩序，做文明有礼的"香宝宝"。同时提倡健康生活文化，将健康教育融入生活活动，引导幼儿适时饮水、文明用餐、科学盥洗等，做一个健康的"香宝宝"。

自主游戏活动：在室内区域中设置莞香特色体验区，提供丰富的材料让幼儿体验香道文化、茶文化，开展插花、绘画等艺术活动，以高雅的艺术体验提升幼儿的审美与高雅情操。在户外自主游戏区域设置中，打造"香市乐园"系列游戏区域，结合本土文化设置"香车城"、"香市营"等自主游戏区，让幼儿在游戏中体验本土文化。

学习活动：莞香文化元素经过筛选与转化，设计形成莞香文化特色主题活动，并结合集体活动、小组活动、个别活动以及家园活动开展。

三、园本课程建构方案

（一）课程内涵

香市幼儿园基于莞香文化背景建构的园本特色课程，是立足幼儿身心发展特点与生活经验，以了解本土莞香文化为目的，充分利用本土莞香文化自然资源、社会资源、人文资源而建构的活动课程。课程通过建立活动内容与幼儿生活的联系，将莞香文化元素融入幼儿生活、学习、游戏活动中，以丰富的形式组织与开展活动，让幼儿在直接感知、实际操作和亲身体验中认识本土莞香文化。

（二）课程目标

（1）感知与了解家乡的自然环境与文化习俗，初步认识莞香文化经济产业，扩展对社会生活环境的认识。

（2）能说出自己家乡所在地的省、市、镇名称，会简单介绍家乡有代表性的物产和景观。

（3）亲近自然，通过了解家乡的莞香文化，萌发热爱绿色生态环境、热爱家乡的情感，感知文化的多样性和差异性，树立对家乡文化的自信。

（三）内容与结构

挖掘文化资源中的教育意象与文化元素融入教育活动，初步构建莞香文化背景下园本特色课程框架（图3–2）。

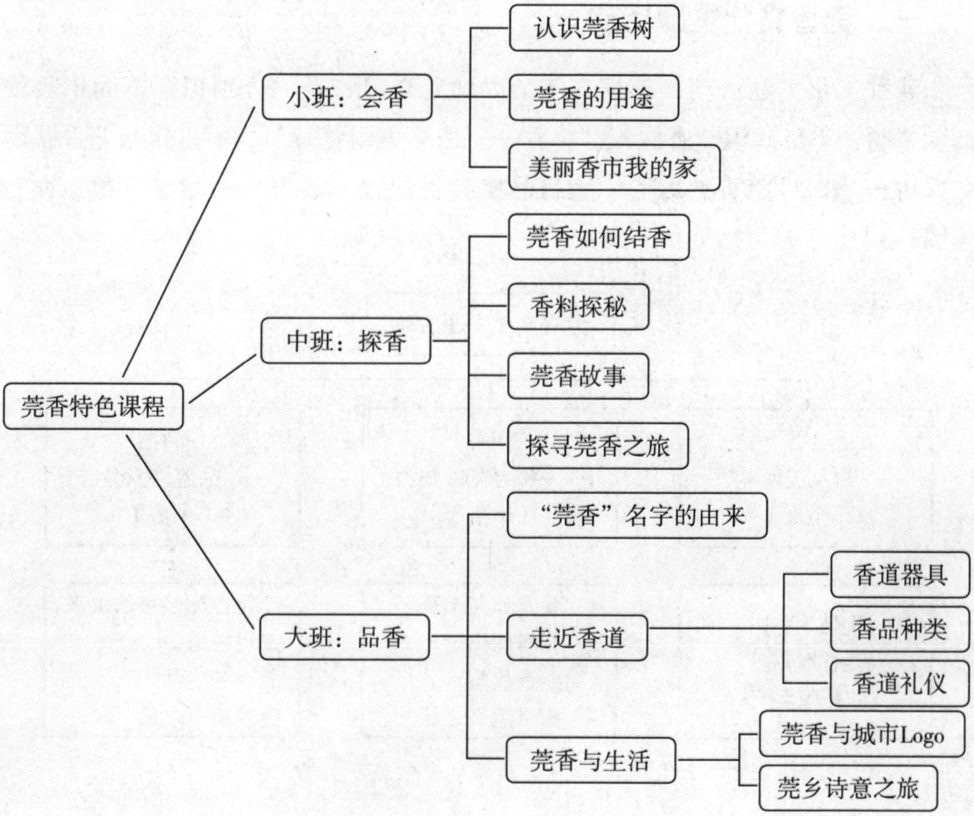

图3–2　莞香文化背景下园本特色课程框架

第四节　园本课程的组织实施

莞香文化背景下园本特色课程旨在引领幼儿感知本土莞香文化，亲近自然，认识家乡，树立文化自信，萌发热爱家乡、热爱祖国的情感。课程的组织与实施结合幼儿主题学习活动、幼儿园文化活动以及“家校社”共育活动。

一、莞香文化主题活动

莞香文化主题活动，依据各年龄段幼儿学习特点，分别拟定不同年龄段活动主题：小班认识莞香课程“会香——遇见美丽莞香”、中班探索莞香课程“探香——探寻莞香魅力”、大班品鉴莞香课程“品香——品鉴诗意莞香”（图3-3）。

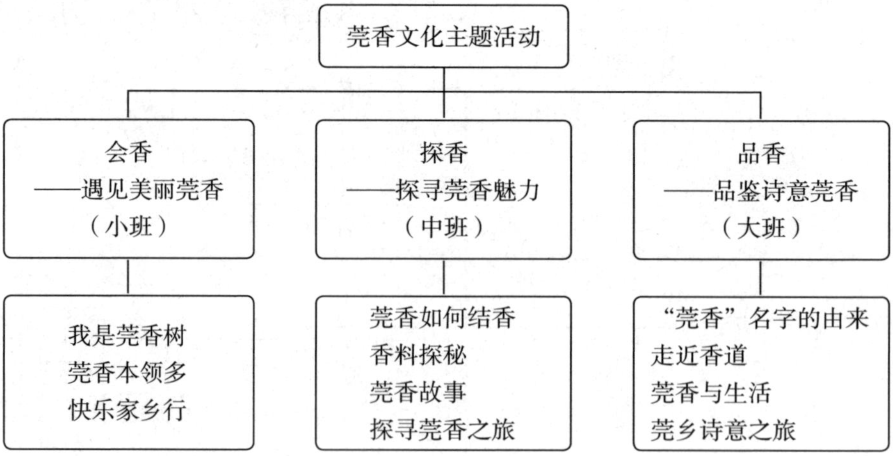

图3-3　各年龄段莞香文化学习主题

（一）课程的主题设计

以大班“品香——品鉴诗意莞香”特色主题课程为例，建构大班“品香”特色课程主题网络图（图3–4）。

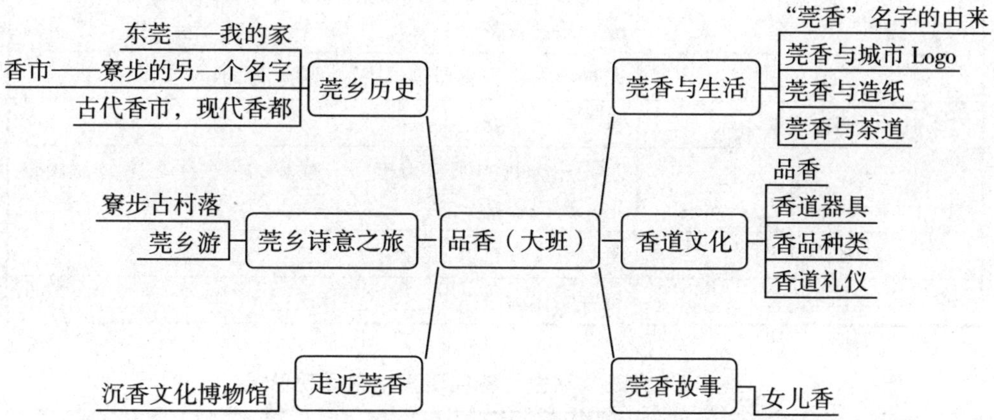

图3–4　大班“品香”特色课程主题网络图

根据课程主题，确定主题目标、内容与形式设计（表3–7、表3–8、表3–9）。

表3–7　大班“品香”特色课程主题目标

课程主题	主题目标
莞香与生活	①引导幼儿关注莞香与生活结合的元素，认识莞香在生活中的应用，丰富生活经验。 ②了解莞香文化的影响力，初步感知莞香与城市文化的关系
香道文化	①认识香的种类、香道器具，初步了解香道的操作流程。 ②通过观赏香道，初步感受与欣赏香道文化中的艺术美
莞香故事	①欣赏故事，理解故事中蕴含的文化元素，学习简单叙述故事。 ②感受故事的情节与语言美
莞乡历史	①从地方名称、地理位置、气候条件等方面认识东莞，初步理解东莞适宜种植莞香的地理优势。 ②简单认识寮步地理位置与莞香历史文化，理解“香市”名称的由来。 ③通过认识家乡，萌发对家乡的热爱情感
莞乡诗意之旅	①走访家乡本土历史景点与现代景观，感知家乡的过去与现在，感受家乡的变化。 ②通过欣赏家乡风景，初步感受家乡的风土民俗及人文风情
走近莞香	①通过参观沉香文化博物馆，了解莞香相关知识。 ②欣赏博物馆莞香工艺品，感知莞香文化的艺术元素

表3-8 大班“品香”特色课程主题内容设计

课程主题	主题内容设计
莞香与生活	“莞香”名字的由来、莞香与城市Logo、香香的纸怎么来、品尝香茶
香道文化	闻味识香、香道器具、香品种类、优雅的香道
莞香故事	香香的树、女儿香
莞乡历史	东莞——我的家、香市——寮步的另一个名字、古代香市，现代香都
莞乡诗意之旅	走访寮步古村落、莞乡游
走近莞香	沉香文化博物馆

表3-9 大班“品香”特色课程主题活动形式

主题	学习领域	活动名称	活动形式
莞香与生活	科学	“莞香”名字的由来	集体活动
	艺术	莞香与城市Logo	集体活动
	科学	香香的纸怎么来	社会实践
	健康	品尝香茶	区域操作
香道文化	科学	闻味识香	小组活动
	科学	香道器具	小组活动
	科学	香品种类	集体活动
	艺术	优雅的香道	社会实践
莞香故事	语言	香香的树	亲子话剧
	语言	女儿香	小组活动
莞乡历史	社会	东莞——我的家	集体活动
	社会	香市——寮步的另一个名字	集体活动
	社会	古代香市，现代香都	小组活动
莞乡诗意之旅	社会	走访寮步古村落	亲子实践
	社会	莞乡游	亲子实践
走近莞香	社会	沉香文化博物馆	社会实践

（二）课程的活动设计

1. 活动前期准备

（1）幼儿经验准备。大班的幼儿从小跟随父母去市场，会走在牙香街的周围，见到各种香作品和饰品；周末，家人会带着幼儿往佛岭去走走绿道，到佛岭湖去戏水一番，然后，踏进莞香林，看一看莞香树；偶尔，家庭中燃起细细的线香，轻烟袅袅，芳香雅致……这就是幼儿对莞香的生活经验，他们对生活中的莞香习以为常，没有细细去认识，只是感觉它就是身边的一部分。活动开展前，教师通过晨谈活动，了解幼儿关于莞香文化的已有经验与认识基础。

案例3：牙香街

教师：小朋友，幼儿园附近有个香香的地方，不知道小朋友有没有去过？（呈现牙香街的照片）

幼儿1：我去过！

幼儿2：我也去过！老师，我家就在这里！

教师：好多小朋友都去过这里。这个地方叫什么呢？

幼儿3：牙香街！我妈妈带我去过，还在那里买了东西。

教师：对，这里就是牙香街。小朋友们知道这里是卖什么的吗？

幼儿3：我妈妈带我去牙香街玩的时候，买了一个“光头强”，用木头做的“光头强”。

幼儿4：我和奶奶也去过，我们买了一把梳子，奶奶说是用很香的木头做的。还买了一棵很小的树。那里有很多，有些树大一点，有些小一点，我们买的是很小的，种在一个小杯子里的。

教师：哦，那棵很小的树应该是莞香树的幼苗，那里卖莞香树。

幼儿3：老师，那里还有佛珠。我妈妈在那里买了一串佛珠，她说可以给奶奶念经。不念经的时候，也可以戴在脖子上或者手上，像珍珠一样。

教师：看来，许多小朋友在牙香街买了不同的东西，有的买了木头做的“光头强”，有的买了梳子、莞香小树苗，有的买了佛珠。牙香街就是卖莞香的地方，人们把香香的莞香木头做成小木偶、梳子、佛珠等，谁喜欢香香的东西，可以去牙香街。去过牙香街的小朋友们分享一下，走进牙香街，你感觉怎么样？

幼儿5：牙香街很漂亮，上面挂了许多红灯笼和油纸伞。

幼儿6：那里还有一个喷水池，有金鱼。

幼儿4：那里有很多商店，老板会请你到店里面喝茶，还会点一些香给你闻。我叔叔经常带我去，他的好朋友就是那里的老板。

教师：那真好！如果有些小朋友没有去过牙香街，请你当小导游带领小朋友去参观牙香街，再去老板的店里面闻一闻香香的味道，可以吗？

幼儿4：当然可以！

教师：谢谢你！牙香街在我们幼儿园附近，小朋友们周末可以请爸爸妈妈带你去牙香街走一走。那里像古代的地方一样，有青砖小路，有古色古香的莞香店铺。牙香街里面安静舒服，非常雅致，是拍照游玩的好地方。

案例4：寮步好风光

教师：小朋友，这个周末天气很好，老师和朋友去了一个公园散步，那里可以爬山，可以在美丽的湖边散步，那个地方叫佛灵湖，你们有去过吗？

幼儿1：有！我妈妈也带我去佛灵湖散步！

幼儿2：我去佛灵湖游泳，那里有个沙滩。

幼儿3：我也去过，那个湖好大，要走好久，走完好累啊，我肚子都饿扁了。

幼儿4：你可以骑自行车或者滑滑板车呀。上次我哥哥骑自行车，我滑滑板车在那里玩。那里有绿道！

教师：看来小朋友们都去过佛灵湖公园玩。除了去佛灵湖公园，你还去过寮步其他好玩的地方吗？还有哪些地方风景很漂亮？

幼儿5：老师，我去过香市公园，里面有一个好漂亮的塔，晚上会亮灯，好好看的。

幼儿6：我也去过，那里可以爬山。

幼儿7：老师，我去过香江公园，香江公园可以坐船，还有个会转的水车。

幼儿8：我也去过，中秋节的时候我们去猜灯谜，猜对了可以领奖品。

幼儿9：老师，爸爸带我去香市动物园看动物！有大象、老虎、长颈鹿、狮子！

幼儿10：我也去过，我还看了表演，是海豚表演。

幼儿9：对，还可以喂长颈鹿吃东西！

教师：看来寮步有很多风景漂亮又非常好玩的地方。老师看这个周末天气也不错，小朋友们有没有计划要去哪里游玩呢？

幼儿9：我还要去香市动物园！

幼儿7：我要叫爸爸妈妈带我去香江公园坐船。

幼儿6：老师，我妈妈跟晴晴的妈妈约好了，星期天的时候我们去佛灵湖野餐。上次我们带了很多好吃的东西，这次也带很多！

教师：好！等大家游玩回来，欢迎跟老师分享你们的经历。

（2）家园联系准备。发放《给家长一封信》，邀请家长参与莞香特色主题活动，帮助幼儿丰富文化经验，协助收集相关文化资源。

给家长一封信

尊敬的家长朋友：

您好！

莞香文化深藏于寮步民俗、民风、民气的血脉之中，而作为寮步唯一一间以“香市”命名的幼儿园，我们有义务和责任去传承、发扬莞香文化。作为香市儿女，热爱家乡首先应从熟悉家乡的特色文化开始。从小培养孩子热爱家乡、感受家乡的特色文化，建立家乡自豪感，熏染和谐幸福、温馨如香的家园。因此，我们与孩子一起开展“莞香”主题活动。为了活动能更好地开展，希望您能抽空和孩子一起完成以下亲子活动。

（1）寻找我们家乡的莞香树，并合影留念带回园分享。

（2）利用周末时间与幼儿一起到牙香街、香市博物馆、香市影视城等与莞香有关系的地方参观，了解莞香的文化。

（3）收集与莞香有关的图片、书籍、用具。

寮步镇香市幼儿园

2016年9月26日

（3）教学环境准备。教师拟定主题环境创设、区域材料投放计划，打造莞香文化特色环境，以环境熏陶营造学习文化氛围，增强幼儿学习的感受与体验（表3-10）。

表3–10　大班“品香”特色课程教学环境准备

课程主题	主题目标
主题墙创设	①东莞地理位置、气候条件等地理图文信息；②收集东莞、寮步城市Logo；③沉香的香品种类的展示图；④展示香产品图片（如饰物、工艺雕塑品、沉香、香包、莞香纸、莞香茶）；⑤香具展示图片；⑥茶具器皿图片；⑦展示参观沉香博物馆、亲子游览西溪古村等图片
作品墙	①城市Logo作品展示；②香泥作品展示；③我的家乡作品展示
美工区	①莞香树的叶子；②各种香料以及纱袋、布袋；③香泥；④卡纸和大头笔
生活区	①香木做的梳子；②檀香手链、项链；③玫瑰花茶、香花等；④香道器具
阅读区	①介绍寮步各处景观的图片，如香江公园、牙香街、佛灵湖等；②关于莞香文化介绍方面的图片或简单易懂的书籍；③自制有关莞乡游历的小图书
莞香特色区	①香木；②香炉；③香道器皿；④茶具器皿；⑤各种香料；⑥香包；⑦莞香的不同香饰品；⑧香木做的雕刻品；⑨可以闻香味的书

（4）教学材料准备。根据教学活动内容与形式，教师准备相关的教学材料。如“莞香与生活”子主题中，教师做了相关教学材料的准备（表3–11）。

表3–11　大班“品香”特色课程教学材料准备

活动名称	活动目标	活动准备
“莞香”名字的由来	①了解东莞的地理位置、气候条件等相关知识，认识莞香的生长环境 ②通过了解东莞种植莞香的优越条件，萌发对家乡的热爱之情	世界地图与中国地图，温度计，关于东莞地理位置、气候条件等的图文信息，各地香树图片
莞香与城市Logo	①认识东莞市与寮步镇的城市Logo，感知城市Logo造型是莞香的艺术表达 ②在欣赏与表达中初步感知莞香与城市文化的关系	寮步镇与东莞市城市Logo，印有城市Logo的物品，莞香树及莞香花图片，莞香树叶，纸、笔、颜料等美工材料
香香的纸怎么来	①了解中国是世界上最早发明造纸术的国家，造纸术是我国古代四大发明之一，激发幼儿的自豪感 ②通过观察、实验，让幼儿知道纸的特性及用途，教育幼儿节约用纸	幼儿参观牙香街，观看造纸的图片和造纸的步骤图

续 表

活动名称	活动目标	活动准备
品尝香茶	①通过材料操作体验莞香茶的色、香、味等特征 ②感受莞香茶文化的静雅怡人氛围	莞香茶叶、茶具

2. 课程活动实施

主题学习活动以集体活动、小组活动、个别活动为主要形式，结合幼儿园一日生活灵活实施。集体活动促进幼儿对莞香文化的了解与认知；小组活动以分享、合作、探究的方式让幼儿在互动中学习；个别区域操作活动充分满足幼儿直接感知、实际操作与亲身体验的需要。同时，将莞香文化健康、文明、抗挫品质等文化精神融入幼儿一日生活，使文化渗透于幼儿的方方面面，让幼儿在潜移默化中获得积极的影响。

（1）集体活动。为具体展现集体活动的实施情况，以下选取教学活动“莞香”名字的由来、莞香与城市Logo、香品种类、香市——寮步的另一个名字为案例进行分析。

案例5：大班科学活动“‘莞香’名字的由来”

【活动目标】

（1）了解东莞的地理位置、气候条件等相关知识，认识莞香的生长环境。

（2）通过了解东莞种植莞香的优越条件，萌发对家乡的热爱之情。

【活动准备】

世界地图与中国地图，温度计，关于东莞地理位置、气候条件等的图文信息，各地香树图片。

【活动过程】

（1）谈话活动引出主题。教师以谈话的方式和幼儿一起谈谈东莞特有的农作物特产，如龙眼、荔枝等，另外还有特殊的树种——莞香。莞香以“莞”命名，因为只有种植在东莞的莞香树结出来的香，香气才特别醇正。因为莞香树的独特，莞香树是世界上唯一一种以地名命名的香树。随后，教师引出课题：为什么莞香树只有在东莞种植，才能结出好的香木？

（2）认识莞香的家。了解东莞的地理位置与气候条件。①教师引导幼儿在世界地图以及中国地图的板块上找出东莞所处的位置，从地图上初步了解东莞的地理位置与气候条件。②教师截取东莞春、夏、秋、冬各一则天气预报，引导幼儿读懂天气预报信息，播报天气预报，了解东莞的一年的气候与变化。

（3）体验莞香的家。教师与幼儿带上温度计，在室外幼儿园绿化区找到莞香树，读一读温度信息，感受当时的温度与湿度。通过看一看、摸一摸、闻一闻等感官接触，感受一下莞香种植的土壤质地，并从颜色、粗细、干湿程度等方面说一说土壤的特点。

【活动总结】

幼儿分为两个小组，分别由两位教师带领开展活动总结讨论。可分为聚焦性讨论：东莞的地理与气候的特点是什么？为何东莞有种植莞香的优越性？幼儿结合其认识与体验自由发言；扩散性讨论：世界各地其他的香品种，各自有怎样的特点？其命名分别是什么？为什么不以一个固定的地名命名？鼓励幼儿大胆说出自己的想法，锻炼发散性思维。

【延伸活动】

（1）区域投放香道器具与沉香木。幼儿区域活动时可以在教师的协助下亲身闻一闻莞香的味道，体验香道文化（图3–5）。

（2）生成亲子研究课题。基于课程，邀请家长与孩子共同收集更多的信息，探讨为什么“莞香独宜莞土”。亲子完成探究以后，可共同完成《“莞香”独以“莞”命名亲子研究报告》，教师将各份报告投放至班级莞香特色区共同分享阅览。

图3–5　幼儿区域活动——问问莞香的味道

【活动分析】

本次活动从科学探究的角度引导幼儿对东莞的地理位置和气候条件有初步的认知与体验，同时融合社会领域目标引导幼儿对东莞种植莞香独有的优越条件萌发自豪情感。

《指南》中指出："幼儿科学学习的核心是激发探究兴趣，体验探究过程，发展初步的探究能力。成人要善于发现和保护幼儿的好奇心，充分利用自然和实际生活机会，引导幼儿通过观察、比较、操作、实验等方法，学习发现问题、分析问题和解决问题。"基于《指南》的指引，教师引出课题"为什么莞香树只有在东莞种植，才能结出好的香木？"以唤起幼儿的好奇心，随后通过集体认知、个人亲身探究与体验、小组互动讨论等多种形式引导幼儿参与探究，既满足幼儿的探究愿望，又实现教师的教学目标。

在持续探究与验证过程中，教师让幼儿感受东莞种植莞香的独特与优越性，从而自然萌发对家乡本土的自豪与热爱情感。科学领域目标与社会领域目标自然结合，巧妙地实现教学目标，避免了灌输与空洞说教。

案例6：大班艺术活动"莞香与城市Logo"

【活动目标】

（1）在感受与欣赏中认识东莞市与寮步镇的Logo，感知城市Logo造型是对莞香的艺术表达。

（2）在表现与创造中初步感知文化与生活的微妙关系。

【活动准备】

寮步镇与东莞市的Logo，印有城市Logo的物品，莞香树及莞香花图片，莞香树叶，纸、笔、颜料等美工材料。

【活动过程】

（1）热身活动："金睛火眼找一找"。教师将事先收集的带有城市Logo的各种物品，如茶杯、地方报纸杂志、服装、台历、电视新闻背景图、网站页面图片等事物摆放于课室各个位置，随后呈现寮步镇城市Logo，请幼儿利用"金睛火眼"认真找一找：班级哪个地方有印有寮步城市Logo的物品？

（2）讨论活动：城市Logo的作用。①教师引导幼儿观察园服、书包、园所刊物等，与幼儿共同讨论：香市幼儿园的园徽代表幼儿园，它好像会说话一样告诉别人："我来自香市幼儿园。"穿上有香市幼儿园Logo的园服，背上有香市幼儿园Logo的书包，代表是来自香市幼儿园的小朋友。②教师引导幼儿讨论：为什么这些物品印有寮步镇的城市Logo？有什么作用？教师让幼儿根据认识园徽的已有经验，自由发言。③教师总结幼儿观点：城市Logo好像园徽一样，代表着一个镇区或者一座城市。使用带有这个Logo的物品，代表来自这座城市或者喜欢这座城市。Logo是独一无二的，我们与别人是有所区别的。

（3）感受与欣赏城市Logo。①教师分别呈现寮步镇城市Logo以及东莞市城市Logo（图3–6），引导幼儿讨论：Logo的造型像什么？教师引导幼儿自由表达，大胆发言。

图3–6　东莞市、寮步镇城市Logo

② 教师呈现莞香树与莞香花的图片，引导幼儿观察与比较：Logo与莞香有什么关系？随后，教师基于幼儿的认知水平，从颜色、造型、代表意义等方面介绍Logo的内涵。

③ 总结：东莞有着独特的莞香文化，因此东莞市、寮步镇结合莞香文化，分别以不同的造型表达城市的特点。

（4）表现与创造活动：我的Logo我做主。①首先，教师引领幼儿认识自己：我是来自东莞市寮步镇香市幼儿园的“莞香”娃娃。随后，请幼儿思考：如果我为自己设计一个Logo，我将如何设计？②教师给幼儿莞香树叶、莞香花图片以及美工材料，鼓励幼儿以拼贴、绘画等各种方式设计“我的Logo”，可用莞香材料辅助设计，也可以自由创造表达。

【延伸活动】

将幼儿设计的Logo投放在莞香特色区，让幼儿佩戴自己独特的Logo在舞台上进行“我型我秀”。

【活动分析】

文化是虚无缥缈的存在，如何让幼儿习得文化精髓？在思考与实践中，教师基于幼儿的学习特点，将莞香文化结合生活和幼儿经验，通过鉴赏城市Logo，分析城市Logo与莞香的关系，以城市Logo为载体，把莞香文化具体化、具象化地呈现，让莞香文化变成看得见、摸得着的文化，让幼儿在感受、操作、体验中感受文化的魅力。

本次活动重点促进幼儿在艺术领域的发展。在《指南》中，艺术领域的核心发展是感受与欣赏、表现与创造。在感受与欣赏方面，《指南》指出，教师应“创造条件让幼儿接触多种艺术形式和作品”，大班幼儿发展目标是“艺术欣赏时常常用表情、动作、语言等方式表达自己的理解”。教师通过引领幼儿鉴赏城市Logo感受莞香文化，活动中多次提供机会让幼儿大胆表达自己的想法，既为幼儿创造了艺术欣赏条件，又帮助幼儿发展艺术欣赏水平。在表现与创造方面，《指南》中指出，教师应“提供丰富的材料，如图书、照片、绘画或音乐作品等，让幼儿自主选择，用自己喜欢的方式去模仿或创作，成人不做过多要求”；“根据幼儿的生活经验，与幼儿共同确定艺术表达表现的主题，引导幼儿围绕主题展开想象，进行艺术表现”。活动中，教师确定以设计“我的Logo”为主题，为幼儿提供莞香树叶、莞香花图片以及美工材料，引导幼儿围绕主题开展想象，鼓励幼儿以拼贴、绘画等各种方式设计“我的Logo”，可以选择莞香材料辅助设计，也可以自由创造表达。教师半开放与开放性的引领策略，充分给予幼儿表现与创造能力发展的自由。

总体而言，教师将莞香文化与城市Logo相结合，通过艺术的角度带领幼儿感受莞香文化的诠释与表达，既实现艺术领域感受与欣赏、表现与创造的领域目标，更让幼儿在活动中潜移默化地感受文化的魅力，感受文化就在身边。

案例7：大班社会活动“香市——寮步的另一个名字”

【活动目标】

（1）初步了解寮步莞香文化历史，认识寮步镇“香市”别称的来由。

（2）知道莞香是家乡的著名物产，激发幼儿对家乡的自豪感和热爱感。

【活动准备】

自制麦克风、布偶娃娃小米和婆婆、PPT（古代莞香贸易市场图片、带有“香市”命名的事物或地方图片）。

【活动过程】

（1）热身活动：记者采访活动。教师扮演记者，采访幼儿姓名、家乡信息，引导幼儿清楚表达家乡所在省、市、镇名称。

教师（记者）：请问你叫什么名字？你的家在哪里？

幼儿（被采访者）：我叫孙小宁，我家在广东省东莞市寮步镇。

（2）认识寮步的别名：香市。

① 教师以采访“小米”小布偶导入活动，认识“别名”。教师呈现布偶娃娃“小米”，并采访小米。

小米：你好，我叫王丽雪，我的小名叫“小米”。因为我从小长得个子小小的，像一颗小米一样，所以妈妈给我起了一个小名叫“小米”。

通过“小米”的事例，教师引导幼儿理解“别名”就是“另一个名字”。

② 教师请幼儿猜一猜：寮步镇也有另一个名字，小朋友知道叫什么吗？随后公布：寮步镇有另外一个好听的名字，叫“香市”。

（3）认识“香市”名字的由来。

① 布偶婆婆讲故事《香市的故事》。教师（呈现布偶婆婆）：布偶婆婆已经很老很老了，她知道许许多多以前的故事。今天，婆婆要跟小朋友讲很久以前的故事，告诉小朋友为什么我们寮步镇还有另外一个名字叫“香市”。

故事内容：很久很久以前，即明朝和清朝时期，寮步镇的寒溪河上有许多来来往往的货船。这些货船都飘着一种非常好闻的香味，因为船上装载的都是沉香木。大家都把香香的沉香木运到寮步卖，所以寮步就变成了一个好大好大、卖香香的沉香木的地方。这个市场太大了，走一天都走不完；这个市场太香了，香气飘出很远很远都能闻得到。所以，大家后来都知道：原来寮步有一个这么大的卖香的市场（图3–7）。于是大家商量："不如我们给寮步多起一个好听的名字吧！"叫什么名字呢？大家想了一想，既然是"香香的市场"，不如就叫"香市"吧！于是，寮步镇在很久很久以前就有了另外一个名字，叫"香市"。小朋友，你觉得"香市"这个名字好听吗？你喜欢吗？（配合PPT呈现故事内容）

图3–7　明朝和清朝时期，寮步镇的香市

随后，教师根据故事内容引出"别名"的概念（别名：另外一个名字），并与幼儿进行简单的互动交流。

② 教师根据故事内容进行总结：寮步的别名叫"香市"。并不是所有的地方都有别名，只有有特色的地方才有别名。通过认识地方的别名，全世界更容易知道这个地方最有特色或者最厉害的东西是什么。

【讨论活动】

以"香市"命名的地方或事物。

（1）讨论互动。

教师：自从有了"香市"这个名字以后，寮步的人们都非常喜欢这个名字，把好多漂亮的地方和美好的东西都用"香市"来给它起名字。例如，我们的幼儿园是非常舒服、漂亮的幼儿园，有好多健康又聪明的小朋友，大家都很喜欢我们的幼儿园，所以把幼儿园的名字改为"香市幼儿园"。请小朋友想一想，寮步还有其他什么地方用"香市"起名字吗？

幼儿：香市公园、香市动物园……

（2）分享：带有“香市”命名的事物或地方。

教师呈现地方教育杂志《香市教育》、香市路、香市讲堂、香市幼儿园、香市小学、香市中学等照片，认识带有“香市”命名的事物或地方。

【互动体验】

我给自己起别名。

教师：寮步镇因为有一个大大的、香香的卖香市场，所以别人给它取了一个好听的名字叫“香市”。小朋友，你觉得你最厉害的地方是什么？你能够给自己厉害的特点起一个名字吗？

幼儿给自身起一个别名，并相互分享，如大力士、聪明小楠楠、超级无敌厉害王等。

【延伸活动】

教师在语言区投放自制记者证、麦克风、寮步镇景点图片等材料，引导幼儿开展“小记者采访”小组活动，由“记者”随机提问，“受采访者”做相应的介绍。

记者：你叫什么名字？你的别名叫什么？你家在哪里？你家有什么好玩的地方？

受采访者：我叫×××，我的别名叫超级大力士。我的家在××省、××市、××镇，它也有一个别名叫“香市”，因为它很久很久以前有一个卖香的市场，非常出名，所以别人又称它为“香市”。我是“香市”的小朋友，我上学的地方叫“香市幼儿园”。我们还有香市动物园，里面有许多动物，欢迎来我家玩！

【活动分析】

《指南》中，社会领域“具有初步归属感”中有一项教育建议指出：“运用幼儿喜闻乐见和能够理解的方式激发幼儿爱家乡、爱祖国的情感。”本次活动中，教师巧妙借助故事的形式为幼儿讲述寮步镇“香市”名称的历史原因。故事是适宜幼儿学习的形式之一，深受幼儿的喜爱。将地方历史灵活转化为幼儿看得见、听得懂、能理解的故事内容，运用“布偶婆婆”的形式讲述，既符合幼儿的学习特点，又不显得枯燥乏味，易于幼儿理解和接受。

故事凸显寮步拥有巨大卖香市场的独特优势，因而获得“香市”别称，自然地引发幼儿的自豪感和对寮步的热爱。随后，教师将感情迁移至幼儿自身，鼓励幼儿挖掘自身优点，为自己厉害的地方起一个别名，也同步焕发幼儿对自身的接纳与自信，帮助幼儿初步建立自我认同感与归属感。

（2）小组活动。小组活动人数相对集体活动少，活动组织形式更灵活多样。小组活动中，教师可根据小组探究主题，充分调动幼儿的好奇心与探究兴趣，让幼儿在小组活动中通过合作游戏或探究实践，获得学习与发展。

案例8：大班小组活动“闻味识香”

【活动目标】

（1）运用嗅觉感官，感知各种香料的香味。

（2）尝试辨别不同种类香木或香料的味道。

【活动准备】

香木、鲜薄荷、桂花、玫瑰花、茉莉花、陈皮、柠檬干、香水、眼罩等。

【活动过程】

（1）导入：变魔法。

教师以“变魔法”的游戏引发幼儿好奇心。

教师：小朋友请伸出手掌，老师送给每位小朋友一个礼物。它看不见、摸不着，但你的鼻子能告诉你是什么。（教师请幼儿伸出手掌来回抚摸鲜薄荷，然后嗅一嗅手掌。）

幼儿：是香香的味道。

教师：对，是薄荷的香味。

（2）体验活动：闻味识香。

① 闻香。

教师呈现香木，请幼儿摸一摸、闻一闻、说一说。

教师：这种香木叫白木香，请小朋友看一看、摸一摸、闻一闻。然后请小朋友说一说你观察到这块香木有怎样的特点，你闻到的气味是什么。

幼儿1：它是一块方方的木头，很轻。

幼儿2：它是白色的，摸起来粗粗的。

幼儿3：它就是一块木头，但是我闻到了一丁点儿香香的味道。

教师：现在我把白木香点燃熏烟，请小朋友再闻一闻，香木的白烟散发的味道是怎样的。

幼儿1：老师，我闻到了香香的味道。

幼儿2：我也闻到了。

教师：白木香未点燃之前的香味，跟点燃之后烟雾的香味一样吗?

幼儿4：不一样。没点着，一点点香；点着之后，更香一点。

② 闻一闻不同的香料。

教师呈现各种香料（如桂花、玫瑰花、茉莉花、陈皮、柠檬干、香水、香皂等），请幼儿各自闻一闻，感受不同香料的气味，并分别说一说各种香气的特点（图3–8）。

③ 活动：闻味识香。

教师请幼儿戴上眼罩，然后闻一闻其中一种香料，说出香料的名称。

图3–8　不同香料和各自的特点

【活动分析】

教师搜集生活中常见的香料，通过让幼儿看一看、摸一摸、闻一闻，并说出闻到的香料特点，调动了幼儿多个感官感知与认识事物，满足了幼儿直接感知、亲身体验与实际操作的认知需求。闻味识香活动加深了幼儿对各种香料的感官认识，进一步丰富了幼儿的生活经验。

（3）区域活动。班级设置莞香特色文化区，在区域活动中，教师为幼儿提供丰富的材料，让幼儿在与材料互动中体验文化。

案例9：大班区域活动“品尝香茶”

【活动目标】

（1）通过品尝香茶，体验茶道文化。

（2）结合香道艺术，感受香道与茶道的艺术高雅氛围。

【活动准备】

香具、茶具、茶叶等。

【活动过程】

在教师的协助下，幼儿体验茶道与香道。

二、幼儿园文化活动

文化活动是彰显特色文化教育的重要窗口。香市幼儿园依据莞香特色文化教育进程，每年举办不同主题的幼儿园文化活动，以幼儿喜闻乐见的形式展现莞香特色文化。例如，开展莞香亲子剧场、莞香亲子摄影、长廊画卷等文化活动，丰富幼儿的文化体验与文化视野，让幼儿感受本土文化魅力（图3–9）。

图3–9 “我的中国心”长廊画卷

三、家园活动

作为影响个体发展的微观系统之一，家庭与社区是幼儿成长中的重要支持，更是幼儿园教育的重要合作伙伴。在开展莞香文化特色课程活动中，香市幼儿园积极联合家庭与社区，挖掘文化教育资源，开展合作教育，让莞香文化教育融入幼儿园生活、融入家庭、走进社区。因此，在莞香文化特色活动中，香市幼儿园联合家庭、社区共同开展“家校社”共育课程，其中包括家庭亲子文化学习活动、亲子或幼儿园社会实践活动。

（一）家庭亲子文化学习活动

为了促进幼儿在生活中对莞香文化有更深入的体验与了解，深化家长对莞香文化的认识，香市幼儿园结合莞香文化特色课程内容，编制了园本小、中、大班《莞香亲子学习手册（家庭版）》（图3-10），让家长与幼儿共同了解莞香，感受与体验家乡本土莞香文化。

图3-10　莞香亲子学习手册（家庭版）

案例10：大班亲子学习手册《品香——品鉴诗意莞香》学习内容

我的小课题（一）“莞香”名字的由来

——为何“莞香”独以“莞”命名

莞香树是唯一一种以东莞地名命名的树木。为什么“我”的名字这么独特呢？这里面有秘密哦！

历来，莞香与莞草、莞盐并称为东莞三大特产。有人说，“莞香独宜莞土”，那是因为东莞的气温、湿度、土壤条件是最适宜莞香生长的，东莞种植的莞香树结出的香品质独好，所以人们把东莞出产的沉香独以“莞”来命名，称作“莞香”。

我们一起来了解一下吧！（图3–11~图3–15）

气温

沉香树对温度要求比较高，在11–29℃的温度范围内均能良好生长，最适宜的温度为22℃左右：最低气温在3℃，冬季短暂的低温霜冻也能适应。

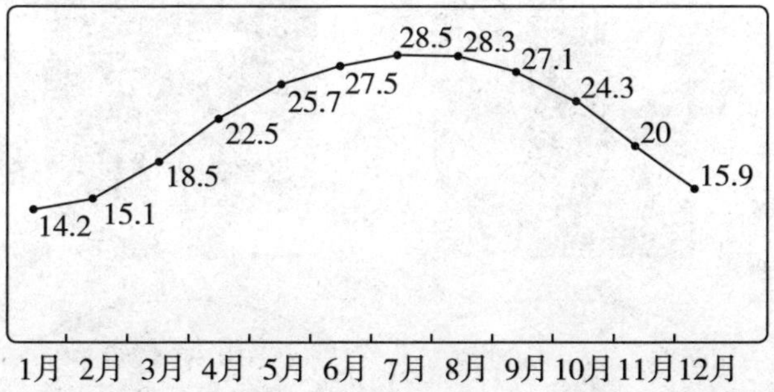

图3–11　东莞市累年各月平均气温 单位℃

湿度

沉香树喜温湿的气候，但也能耐干旱和短期霜冻。生长要求全年日照1600–2100小时，降水量1600–2180mm，相对湿度75%左右。

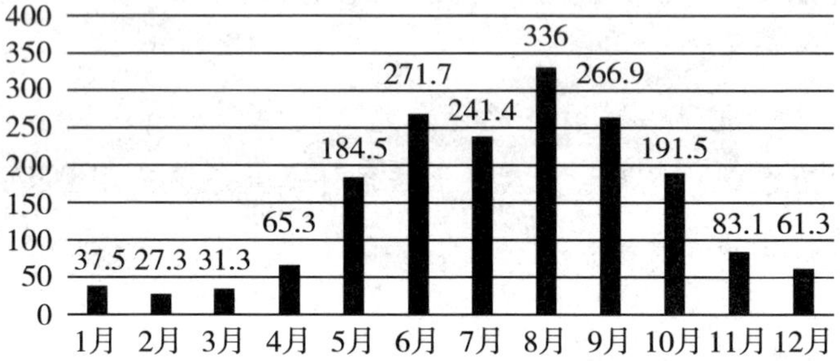

图3–12　东莞市累年各月平均降水量 单位：厘米

土壤

沉香树在酸性壤土或砂壤土均能生长，对土壤肥力要求不严。东莞的土壤适宜莞香生长。

沉香树在贫瘠粘土中生长缓慢，长势差，但木材更结实，油脂丰富，易于结

水肥条件好时，沉香树生长较快，但木质疏松。结香较少，量较差。

图3–13　酸性壤土和沙壤土下的沉香树

说一说

1.沉香树适宜生长的温度范围，在温度计的哪个位置？

2.请选出沉香正确的适宜湿度，在（ ）内打“√”。

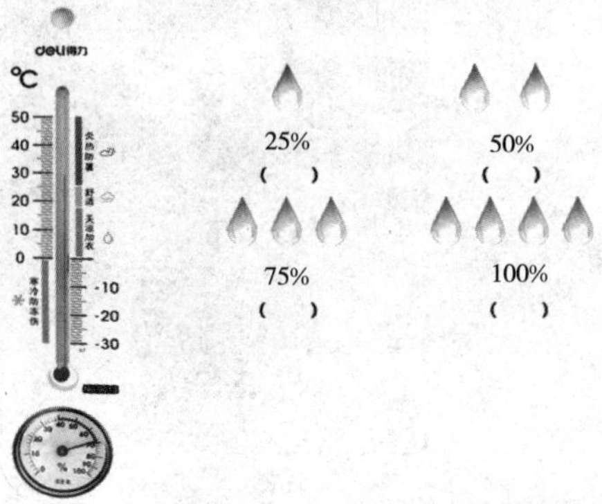

图3-14 沉香树适宜的温度与湿度练习

3.小朋友，请你和爸爸妈妈一起讨论，东莞哪些月份雨量较多，哪些月份雨量较少呢？

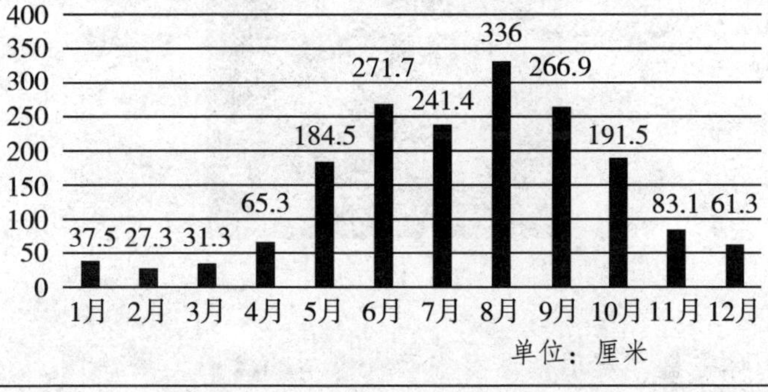

图3-15 东莞市累年平均各月降水量

我的小课题（二）走近香道

——香道器具

小朋友，你了解香道吗？香道是品香之道，是一种礼仪，更是一种文化。中国香道文化源远流长，是中华民族一笔宝贵的财富。传统文化里，人们如何品香？需要用什么器具？我们一起了解一下常用的香道器具吧！

香瓶：又称香壶，有插香箸、香铲、香匙之用（图3-16）。

图3-16 香瓶

香罐：储存香品的罐子（图3-17）。

图3-17 香罐

香盒：又称香盛，是用来储存香面或香屑的盒子（图3-18）。

图3-18 香盒

香筒：置放香夹、香匙、香铲、羽尘的筒子（图3–19）。

图3–19　香筒

香盘：放香炭或烧香炭时专用的盘子（图3–20）。

图3–20　香盘

香箸：用于夹取香炭或香料，类似筷子（图3–21）。

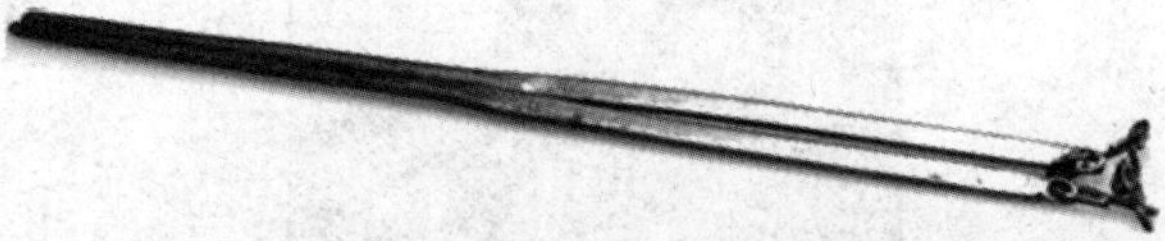

图3–21　香箸

香匙：用于捣取香灰，整理、清扫香灰（图3–22）。

图3–22　香匙

香囊：又名香袋、花囊，也叫香包，是用布做成的小秀囊。内装有用中草药研制的细香末（图3–23）。

图3–23　香囊

小朋友，看到这么多精致的香道艺术器具，你感受到香道的高雅与宁静了吗？如果有机会，你也可以体验一下香道，感受赏香的乐趣。

我的小课题（二）走近香道

—香品种类

香道文化由来已久，如今香的品种也是种类繁多。小朋友，你看过哪些种类的香呢？下面介绍几种常见的香品。

粉末香：以原始的天然香料或是与其他物质复合为原料，研磨成单一粉末香或是复合粉末香（图3–24）。

图3–24　粉末香

熏香：对植物性原生态香木和香料进行清洗、干燥、分割等简单的加工制成，保留香料的部分原始外观和特征（图3–25）。

图3–25 熏香

线香：属一种直线形的熏香，可分为竖立燃烧的立香和横倒燃烧的卧香（图3–26）。

图3–26 线香

液体香：也称香汤、香水，以香料浸泡或煎煮的水（图3–27）。

图3–27 液体香

塔香：悬挂燃烧，垂挂如塔（图3-28）。

图3-28　塔香

我的小课题（二）走近香道

——香道礼仪

在古代，品香与插花、泡茶、挂画合称为修身养性的“四桩闲事”。品香是一项高雅的休闲活动，需要有整洁、舒适的环境，也需要大家有优雅、文明的礼仪，我们一起来学习香道礼仪吧！

品香时请注意以下礼节。

（1）懂得尊重别人，入席后不要随便行走，以免影响别人。

（2）坐姿优雅，不东闻西嗅，不谈论与品香无关的话题。

（3）品香时不可以吃零食。

（4）轮流品香，不能独占香气。

（5）当品香的服务人员向客人行礼，表示结束时，客人要谢香，向品香的服务人员的招待表示感谢（图3-29）。

图3-29　香道礼仪

我的小课题（三）莞香与生活
——莞香与城市Logo

小朋友，东莞市城市Logo“每天绽放新精彩”，你熟悉吗？从漂亮的Logo里面，你看到了什么？

对！东莞城市标志“每天绽放新精彩”以东莞特有的莞香花为核心设计元素，花瓣造型体现了莞香花清新柔美的特征，更展现了东莞人拼搏创新的美好品质。Logo糅合“东莞”拼音字母“Dongguan”的设计元素，造型充满张力，寓意东莞多元发展和无限活力（图3–30）。

图3–30　东莞城市标志

2011年12月，寮步城市标志正式出炉。标志用充满生机的莞香树叶艺术变形作为核心设计元素，体现寮步特优的香市历史与莞香文化传统。六片莞香树叶构成的和平鸽艺术造型，表达了寮步人对美好幸福家园的向往与追求（图3–31）。

图3–31　寮步城市标志

我的小课题（三）莞香与生活
——莞乡诗意之旅

莞乡恬静的诗意生活让人感到舒服、向往。小朋友，家乡哪里有诗意般的美景呢？我们一起穿越历史，回归久远恬静的年代吧！

（1）西溪古村。

西溪古村是珠三角地区规模较大、原生态保存较为完整的古村落之一。建筑群采用东莞红砂石、青砖建造和岭南瓜果装饰题材，具有鲜明的广府文化特色（图3-32）。

图3-32 西溪古村

（2）横坑古村。

横坑古村位于横坑村，遗存着具有明代建筑风格和特征的古名居和祠堂。村落山清水秀，环境优雅，有着充满人文气息的钟氏祠堂、古村落、横丽湖、古树，是领略古代风光的好地方（图3-33）。

图3-33 横坑古村

（二）社会实践活动

在政府大力复兴莞香文化的背景下，社区拥有丰富的文化资源，是幼儿感受与体验莞香文化的重要学习场所。香市幼儿园与社区紧密合作，带领幼儿参观牙香街、沉香文化博物馆、香市公园等，让幼儿在实践活动中加深对莞香文化的印象，充分感受文化之美。

案例11：大班社会实践活动“香博馆探寻之旅”

【活动目的】

桑梓之情自古以来就是中华民族的传统美德。作为一名香市儿女，热爱家乡首先应从熟悉家乡文化做起。礼节最能体现文化的品位，而香道又是很注重礼节的一种文化活动。本次活动的主要目的是让孩子初步体验香道文化，感受博物馆里多元的香文化世界。

【活动时间】

2016年11月15日上午8：45—11：30

【活动地点】

香市博物馆。

【参加人员】

全体大班幼儿、教师、保育老师和配备人员（专科）。

【参加人数】

大班级全体幼儿128人，教师及配备人员一共14人。

第五节　园本课程的管理

为保证莞香文化特色园本课程的组织与实施，香市幼儿园通过建立保障体系、实施体系与评价体系全面管理课程实施。

一、保障体系

建立课程保障体系，从人、财、物三方保障课程实施。

（一）建立课程实施管理小组

成立由园长、教学园长、教研员、级长及骨干教师组成的课程实施管理小组，明确小组成员的职责与分工。

园长：负责课程总体规划与建构。

教学园长：实施课程方案，跟踪课程全过程。

教研员：指导与跟踪课程实施全过程，把握进度与方向，做好相关的协调与沟通。

级长：具体落实课程实施，把握核心，灵活调整，保证课程实施效果，收集课程过程性资料。

骨干教师：协助落实课程，在实践中总结经验、分析不足并及时反馈。

（二）保证课程实施基础

建立课程实施的三方支持基础，包括地方教育部门支持、幼儿园支持与教育专家支持。一是获得地方教育部门的支持。为保证课程建构更科学合理，香市幼儿园成立“莞香文化融入幼儿园课程的实践研究”课题研究小组，探索研究莞香文化融入幼儿园课程的策略，以课题研究的形式推动课程的建构与实施。研究申报获得东莞市教育部门支持，课题获批东莞市教育科研规划课题。二是保证幼儿园支持。香市幼儿园自身从时间、经费、培训等多方面保证课程的有效落实，并充分调动家长资源、社区资源支持课程的建构与实施。三是获得教育专家的专业支持。莞香文化特色园本课程实施，既是弘扬与传承的表现，也是发展与创造的基础。专家支持莞香文化特色的园本课程实施，提出幼儿园要把握课程实施的核心，基于幼儿的年龄特点与学习方式，提炼莞香文化精髓，将之转化成为适宜幼儿吸收的“文化营养”。

二、实施体系

课程实施过程中，建立以“实践+反思”为核心，以“培训+教研”为两翼的双向闭环实施体系，在研究中推进课程的有效落实（图3–34）。

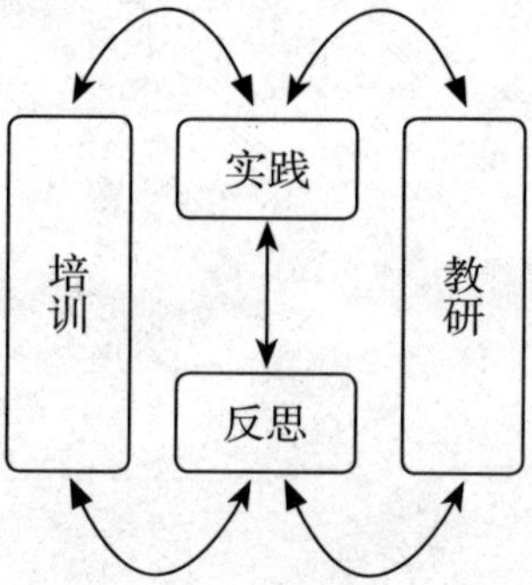

图3-34 课程实施体系

三、评价体系

园本课程实施过程中，建立多维评价体系，收集各方反馈意见。一是针对课程实施建立校内外评价体系，包括内部评价与校外评价。内部评价形成教师自评、组内互评、园所考评的评价方式；校外评价依托家庭与社区，形成家长评议、社区反馈、专家点评等。二是针对幼儿发展建立过程性评价与发展性评价。过程性评价是教师依托主题活动的关键经验，对幼儿活动进行实录记载与观察分析，了解幼儿在活动中的发展状况与目标达成度；发展性评价是从家庭、幼儿园角度双方共同收集幼儿活动过程中的记录图片、作品等，综合对比幼儿活动前后的发展，并作为课程调整的重要依据。

结语

文化具有无限的生命力，文化是现代民族创新与发展的基石。本民族年轻一代只有传承优秀文化，汲取文化精髓，才能借助历史文化浑厚的力量，推动社会不断前进。

香市幼儿园以“香市”命名，传承东莞寮步传统莞香文化，既是教育的己任，更是园所的荣耀。中华民族上下五千多年的文明历史，创造了博大精深的文化宝库，积淀了深厚的文化精髓。新一代幼儿作为中华儿女，拥有中华民族的血统，思想上更应传承优秀的文化基因。香市幼儿园以弘扬与传承莞香文化为己任，引领幼儿从小感知家乡文化，种下文化精神的种子；展望未来，新生力量将筑起更辉煌璀璨的精神家园。

第四章

幼儿园生活化教育课程[①]

《纲要》指出："幼儿园应为幼儿提供健康、丰富的生活和活动环境，满足他们多方面发展的需要，使他们在快乐的童年生活中获得有益于身心发展的经验。"

幼儿的身心发展与年龄特点，决定了幼儿教育具有浓厚的生活化特征——课程的内容来自幼儿的生活，课程实施贯穿幼儿的每日生活。东莞市东城第一幼儿园秉承陶行知"生活即教育"的理念，珍视童年生活的独特价值，以尊重幼儿、理解幼儿、支持幼儿为前提，从2012年开始，尝试进行"幼儿园生活化教育课程"的研究，逐步形成了尊重幼儿年龄特点和追随幼儿兴趣的课程方案，这个过程是不断实践的过程、思考的过程、提升和创新的过程。

① 本章作者为广东省东莞市东城第一幼儿园陈妍慧。

东莞市东城第一幼儿园简介

东莞市东城第一幼儿园是由东城街道办事处创办的一所公办幼儿园。幼儿园由原东城温塘集体园改建而成，于2012年9月正式开园。

幼儿园位于东莞市东城街道中禾街136号，占地面积9700平方米，建筑面积5605.48平方米，户外面积3060平方米，绿化面积1787平方米，绿化覆盖率达100%。

结合“和”、“爱”核心思想（和——三和谐：与自我和谐、与社会和谐、与自然和谐；爱——三爱：爱人、爱己、博爱），确立“生活化教育”课程体系，以“和爱孕育生命之美，生活成就智慧之魂”为课程理念，课程途径、课程内容、课程评价等各方面都以幼儿生活为基础，融入“和爱”文化。通过生活化的主题探究活动、自主式小社团活动、“和悦”体育节、“和美”艺术节、“和乐”赶圩节、主题晨会活动、传统节日主题活动等课程内容实现生活化教育，形成完善的课程体系。

秉承“让每一个孩子都拥有幸福快乐的童年”的办园宗旨，坚持“让孩子在生活中体验、在自然中成长，让教师在教育中探索、在探索中前进，携家长共建和谐幸福家园”的办园理念，以培养自尊自信、和乐友爱、亲近自然、乐于探索、健康智慧的幸福儿童为培养目标。致力于打造“像家一样的班级环境”、“像花园一样的户外环境”，给幼儿一个和谐、充满爱的环境。

先后荣获2012年东莞市普教系统文明单位、全国优秀家长学校、省级规范化幼儿园、市一级幼儿园、广东省《指南》实验园项目立项单位、连续8年东城保教质量评估一等园等荣誉称号。

第一节　生活化教育课程建构的概况

2012年9月，东莞市东城第一幼儿园在全国学前教育改革浪潮的推动下孕育而生。它是幼儿生活的港湾，温馨舒适，和谐友爱，其乐融融；这里是幼儿嬉戏的花园，以草为乐，以树为荫，以泥成趣；这里是幼儿成长的乐园，怡然自得，妙趣横生，自由绽放。

在这里，教育回归幼儿生活本真，让每一个孩子拥有幸福快乐的童年，和的生活与爱的教育自然相融。“和爱孕育生命之美，生活成就教育之魂”的教育理念得以生根发芽。在这所灵动质朴的乐园里，教师、幼儿与家长共同构建一个自然、舒适、愉悦的生活化教育体系。

我们追随儿童的生活轨迹，一起感受生活的美好，一起体验成长的乐趣，一起探索生命的惊喜。

一、生活化教育课程建构缘起

天时：《指南》的颁布意味着我国学前教育进入了一个崭新的发展阶段。在《东莞市教育事业发展“十三五”规划》中，东莞以打造“慧教育”为战略重点，以“让每一个学生受到最适合的教育”为核心理念，推进各级各类教育协调发展，全面提升教育质量，深化教育领域综合改革，率先基本实现教育现代化。在这样的政策引领下，幼儿园以幼儿为本，寻求适宜本地区幼儿发展的教育。

而社会主义核心价值观也主导着我园“和爱”文化（和即三和谐，与自我和谐、与社会和谐、与自然和谐；爱即三爱，爱己、爱人、博爱）的提升，进一步了解3~6岁幼儿学习与发展的基本规律和特点，建立对幼儿发展的合理期望，实施科学的保育和教育，让教育更加适合幼儿的生活，让幼儿度过快乐而有意义的童年。

地利：我们的幼儿园——东莞市东城第一幼儿园是一所市一级幼儿园。在历史的长河中，它还算是一个正在成长的孩子，年仅7岁。它是由原温塘幼儿园（一所集体办园）收归的东城街道属公办幼儿园，是一所全日制非寄宿幼儿园。幼儿园总占地面积9700平方米，仅户外面积就有3060平方米，周围郁郁葱葱，绿树环绕，得天独厚的地域环境优势为生活化教育探索之路奠基。

人和：家情——我园地处城乡接合部，原有居民人口繁衍，支派绵长；随着城乡的发展，新莞人流、人口来源多样，导致文化多元。居民之间关系复杂，大量流动人口聚居，家庭文化背景也不一样。在两大人文背景的影响下，人与人之间的互信互爱及和谐共融成为我们的主旨，也让幼儿园有了独特的文脉和灵魂。

师情——我园教师93%以上为本科学历，其中，全日制本科学历占52%以上，组成了一支专业素养高、理论基础扎实、具有较强科研能力的队伍。

幼情——幼儿个性鲜明，有较强的好奇心和探究欲，学习兴趣浓厚，思维开放。如何处理好幼儿的共同需求和个体差异，使幼儿成为生活的主人，一直是我们思考的前提。

二、生活化教育课程建构过程

（一）第一阶段：初生（2012—2013年）

2012年9月，我们正式开园后，正值《3~6岁儿童学习与发展指南》颁布，我们致力于优化课程结构，着力于区域活动、户外活动材料投放的实践探索，对一日活动进行调整。这一阶段，教师的课程意识不清晰，但也在逐步研习《指南》，为课程的后续完善积累经验。

（二）第二阶段：启航（2013—2014年）

2013年12月，自主式小社团活动课题正式立项。2014年起，我们开始探究自主式小社团的开展如何促进幼儿的多元发展，研究幼儿的兴趣需要，基于幼儿去开展活动，使幼儿成为自己的主人。2014年6月，我园获批东莞市一级幼儿园。在这样的契机中，我们尝试有效利用户外的场地，户外区域游戏活动应运而生。我们不断探索区域的功能和材料，让其更加适合幼儿。

（三）第三阶段：探索（2015—2017年）

2015年5月，我园获批广东省《指南》实验园，结合幼儿园已有的研究，我们正式将幼儿园的课程定义为“生活化教育理念下的和爱课程”，研究过程中，在充分研习《指南》的同时，将幼儿园的文化与课程相融合，形成自身独有的课程体系——和爱课程体系。

（四）第四阶段：形成（2018—2019年）

2018年又是一个新的开始，广东省《指南》实验园项目结项，但并不是结束，我们的课程体系形成，从课程文化、课程理念、课程目标、课程架构、课程内容、课程实施、课程管理、课程评价八大方面入手，形成幼儿园生活化教育园本课程。

三、生活化教育课程理论依据

（一）陶行知的“生活教育”理论

伟大的教育家陶行知指出“生活即教育”、“教学做合一”、“为生活而教育”。他认为，教育源于生活，生活是教育的中心，就是倡导每一个孩子都公平地享受为生活做准备的教育，教育要培养能适应社会生活的人，这就是教育的根本目的。教育源于生活，适应生活的需要，因而教学更不能脱离生活。脱离生活的教育会失去儿童主动学习的心理基础。

（二）活动建构理论

教育家卢梭认为：教学应让学生从生活中，从各种活动中进行学习；通过与生活实际相联系，获得直接经验，主动地进行学习；反对让儿童被动地接受成人的说教或单纯地从书本上进行学习。他认为教师的职责不在于教给儿童各种知识和灌输各种观念，而在于引导儿童直接从外界事物和周围事物环境中进行学习，同儿童的生活实际相结合，从而使他们获得有用的知识。苏联心理学家提出的活动内化理论和皮亚杰的建构理论都指出，应让儿童在基本生活经验的基础上和主动的活动中建构自己的认知结构。

四、生活化教育课程核心理念

我园的生活化教育课程，以“和爱孕育生命之美，生活成就教育之魂”为核心理念，用文化引领教育，让教育回归生活，关注幼儿生活的本质；以“让幼儿拥有幸福快乐的童年，获得和谐友爱、自由自主、个性独特的发展”为课程宗旨，着力培养“自尊自信、和乐友爱、亲近自然、乐于探索、健康智慧”的幸福儿童。

（1）宗旨：让幼儿拥有幸福快乐的童年，获得和谐友爱、自由自主、个性独特的发展。

（2）核心理念关键词。

① 自然的——这里的一草一木、一花一鸟、一沙一土，都是幼儿嬉戏、探究、实践的媒介，让幼儿与大自然亲密接触，在亲近自然的过程中体会生活的灵动、生命的惊喜。教师遵循幼儿生活的特点和发展规律，实施开放、自主、灵活的课程，运用与幼儿生活息息相关的多种材料，创设“像家一样的班级环境”、“像花园一样的户外环境”，提升各类活动的质量，师幼平等交流与对话，形成和谐的幼儿园环境和文化，启迪生命的成长。

② 生活化的——教育源于幼儿生活，但并不是将大社会照搬到幼儿的生活中，而是让生活更切合幼儿的发展需求，更加适合幼儿。以游戏的形式去探究、去感受，享受生活的幸福。关注幼儿真实的生活表现，凸显幼儿发展的过程性评价，真实还原幼儿在真实生活、真实情境中如何与环境、材料、同伴互动，了解幼儿的所思所想，了解幼儿建构知识的过程，了解幼儿的更多需求。让课程在幼儿、教师、家长三位一体的推进中不断创造、丰富、完善，成为幼儿生活的独特记忆，实现课程的园本化。

③ 体验的——只有让幼儿关注生活中的点滴，亲身体验，亲身经历，幼儿才能获得成长。“生活即教育”，生活中的一切都是教育的因素，都是教育的源泉。为幼儿提供丰富的资源、良好的环境、多样的活动，才能让他们充分体验，从而习得一定的经验，以促进自身的发展。

④ 自主的——幼儿自主支配时间和空间，让幼儿成为自己生活的主角，施展天性，充分发挥主动性，关注幼儿的生活世界。家、园、社区联动，为幼儿的自主发展提供丰富的资源，创造条件，并提供更加科学、合理的指导，让每一个幼儿充分展现自我，让个性得以解放。

⑤ 和谐的——这是我们的文化灵魂，是一种教育情怀。我们珍视幼儿生活的独特价值，同时也认为只有和谐地成长才能成就有意义的生活。我们尊重每一个生命个体，和而不同，敬畏生命的个体差异。传递爱与责任，用美好的品

行影响幼儿，促使幼儿和谐成长。

第二节　生活化教育课程体系

一、生活化教育课程的发展目标

（一）总目标

（1）与自我和谐（爱己）：认识自己，保护自己，悦纳自己。

（2）与社会和谐（爱人）：乐于交往，尊重他人，遵守规范。

（3）与自然和谐（博爱）：探究自然，爱护自然，热爱生命。

（二）幼儿发展目标（表4–1）

表4–1　幼儿生活化教育各年龄段总目标

发展目标	年龄段目标		
	小班（3岁~4岁）	中班（4岁~5岁）	大班（5岁~6岁）
与自我和谐（爱己） 认识自己 保护自己 悦纳自己	健康：（略） ①在提醒下能自然坐直、站直。 ②情绪比较稳定，很少因一点小事哭闹不止。 ③有比较强烈的情绪反应时，能在成人的安抚下逐渐平静下来。 ④能在较热或较冷的户外环境中活动。 ⑤换新环境时情绪能较快稳定，睡眠、饮食基本正常。	健康：（略） ①在提醒下能保持正确的站、坐和行走姿势。 ②经常保持愉快的情绪，不高兴时能较快缓解。 ③有比较强烈的情绪反应时，能在成人的提醒下逐渐平静下来。 ④能在较热或较冷的户外环境中连续活动半小时左右。 ⑤换新环境时较少出现身体不适。	健康：（略） ①经常保持正确的站、坐和行走姿势。 ②经常保持愉快的情绪。知道引起自己某种情绪的原因，并努力缓解。 ③表达情绪的方式比较适度，不乱发脾气。 ④能在较热或较冷的户外环境中连续活动半小时以上。

续 表

发展目标	年龄段目标		
	小班（3岁~4岁）	中班（4岁~5岁）	大班（5岁~6岁）
与自我和谐（爱己） 认识自己 保护自己 悦纳自己	语言：（略） ①能听懂短小的儿歌或故事。 ②能听懂日常会话。 ③会看画面，能根据画面说出图中有什么、发生了什么事等。 社会：（略） ①能根据自己的兴趣选择游戏或其他活动。 ②为自己的好行为或活动成果感到高兴。 ③自己能做的事情愿意自己做。 ④喜欢承担一些小任务。 艺术：（略） ①喜欢听音乐或观看舞蹈、戏剧等表演。 ②乐于观看绘画、泥塑或其他艺术形式的作品。 ③经常自哼自唱或模仿有趣的动作、表情和声调	语言：（略） ①在群体中能有意识地听与自己有关的信息。 ②能结合情境感受到不同语气、语调所表达的不同意思。 ③方言地区和少数民族地区幼儿能基本听懂普通话。 社会：（略） ①能按自己的想法进行游戏或其他活动。 ②知道自己的一些优点和长处，并对此感到满意。 ③自己的事情尽量自己做，不愿意依赖别人。 ④敢于尝试有一定难度的活动和任务。 艺术：（略） ①能够专心地观看自己喜欢的文艺演出或艺术品，有模仿和参与的愿望。 ②欣赏艺术作品时会产生相应的联想和情绪反应。 ③经常唱唱跳跳，愿意参加歌唱、律动、舞蹈、表演等活动	语言：（略） ①听不懂或有疑问时能主动提问。 ②能结合情境理解一些表示因果、假设等相对复杂的句子。 ③能有序、连贯、清楚地讲述一件事情。 社会：（略） ①能主动发起活动或在活动中出主意、想办法。 ②做了好事或取得了成功后还想做得更好。 ③自己的事情自己做，不会的愿意学。 ④主动承担任务，遇到困难能够坚持而不轻易求助。 艺术：（略） ①艺术欣赏时常常用表情、动作、语言等方式表达自己的理解。 ②积极参与艺术活动，有自己比较喜欢的活动形式。 ③能用多种工具、材料或不同的表现手法表达自己的感受

续 表

发展目标	年龄段目标		
	小班（3岁~4岁）	中班（4岁~5岁）	大班（5岁~6岁）
与社会和谐（爱人） 乐于交往 尊重他人 遵守规范	健康：（略） ①在帮助下能较快适应集体生活。 ②能将玩具和图书放回原处。 语言：（略） ①主动要求成人讲故事、读图书。 ②爱护图书，不乱撕、乱扔。 ③别人对自己说话时能注意听并做出回应。 社会：（略） ①愿意和小朋友一起游戏。 ②愿意与熟悉的长辈一起活动。 ③想加入同伴的游戏时，能友好地提出请求。 ④在成人的指导下，不争抢、不独霸玩具。 ⑤与同伴发生冲突时，能听从成人的劝解。 ⑥长辈讲话时能认真听，并能听从长辈的要求	健康：（略） ①愿意把自己的情绪告诉亲近的人，一起分享快乐或求得安慰。 ②能较快适应人际环境中发生的变化，如换了新老师能较快适应。 ③能与他人玩追逐、躲闪跑的游戏。 语言：（略） ①愿意与他人交谈，喜欢谈论自己感兴趣的话题。 ②会说本民族或本地区的语言，基本会说普通话。 ③别人和自己讲话时能回应。 ④能根据场合调节自己说话声音的大小。 ⑤能主动使用礼貌用语，不说脏话、粗话。 ⑥喜欢把听过的故事或看过的图书讲给别人听。 社会：（略） ①喜欢和小朋友一起游戏，有经常一起玩的小伙伴。 ②喜欢和长辈交谈，有事愿意告诉长辈。 ③会运用介绍自己、交换玩具等简单技巧加入同伴游戏。 ④对大家都喜欢的东西能轮流、分享。 ⑤与同伴发生冲突时，能在他人的帮助下和平解决	健康：（略） ①能较快融入新的人际关系环境，如换了新的幼儿园班级能较快适应。 ②能主动参加体育活动。 ③能自觉遵守基本的安全规则和交通规则。 ④运动时能注意安全，不给他人造成危险。 语言：（略） ①在集体中能注意听老师或其他人讲话。 ②愿意与他人讨论问题，敢在众人面前说话。 ③会说本民族或本地区的语言和普通话，发音正确清晰。 社会：（略） ①有自己的好朋友，也喜欢结交新朋友。 ②有问题愿意向别人请教。 ③有高兴的事或有趣的事愿意与大家分享。 ④能想办法吸引同伴和自己一起游戏。 ⑤活动时能与同伴分工合作，遇到困难能一起克服。 艺术：（略） ①乐于收集美的物品或向别人介绍所发现的美的事物。 ②愿意和别人分享、交流自己喜爱的艺术作品和美感体验。 ③艺术活动中能与他人相互配合，也能独立表现

续表

发展目标	年龄段目标		
	小班（3岁~4岁）	中班（4岁~5岁）	大班（5岁~6岁）
与自然和谐（博爱） 探究自然 爱护自然 热爱生命	科学：（略） ①喜欢接触大自然，对周围的很多事物和现象感兴趣。 ②经常问各种问题，或好奇地摆弄物品。 ③对感兴趣的事物能仔细观察，发现其明显特征。 ④能用多种感官或动作去探索物体，关注动作所产生的结果。 ⑤认识常见的动植物，能注意并发现周围的动植物是多种多样的。 ⑥能感知和发现物体和材料的软硬、光滑和粗糙等特性。 ⑦能感知和体验天气对自己生活和活动的影响。 ⑧初步了解和体会动植物和人们生活的关系。 艺术：（略） ①喜欢观看花草树木、日月星空等大自然中美的事物。 ②容易被自然界中的鸟鸣、风声、雨声等好听的声音所吸引。 ③能用声音、动作、姿态模拟自然界的事物和生活情景	科学：（略） ①喜欢接触新事物，经常问一些与新事物有关的问题。 ②常常动手动脑探索物体和材料，并乐在其中。 ③能对事物或现象进行观察比较，发现其相同与不同。 ④能根据观察结果提出问题，并大胆猜测答案。 ⑤能通过简单的调查收集信息。 ⑥能用图画或其他符号进行记录。 ⑦能感知和发现动植物的生长变化及其基本条件。 ⑧能感知和发现常见材料的溶解、传热等性质或用途。 ⑨能感知和发现简单物理现象，如物体形态或位置变化等。 ⑩能感知和发现不同季节的特点，体验季节对动植物和人的影响。 ⑪初步感知常用科技产品与自己生活的关系，知道科技产品有利也有弊。 艺术：（略） ①在欣赏自然界和生活环境中美的事物时，关注其色彩、形态等特征。 ②喜欢倾听各种好听的声音，感知声音的高低、长短、强弱等变化	科学：（略） ①对自己感兴趣的问题总是刨根问底。 ②能经常动手动脑寻找问题的答案。 ③探索中有所发现时感到兴奋和满足。 ④能通过观察、比较与分析，发现并描述不同种类物体的特征或某个事物前后的变化。 ⑤能用一定的方法验证自己的猜测。 ⑥在成人的帮助下能制定简单的调查计划并执行。 ⑦能用数字、图画、图表或其他符号记录。 ⑧探究中能与他人合作与交流。 ⑨能察觉到动植物的外形特征、习性与生存环境的适应关系。 ⑩能发现常见物体的结构与功能之间的关系。 ⑪能探索并发现常见的物理现象产生的条件或影响因素，如影子、沉浮等。 ⑫感知并了解季节变化的周期性，知道变化的顺序。 ⑬初步了解人们的生活与自然环境的密切关系，知道尊重和珍惜生命，保护环境。 艺术：（略） 乐于模仿自然界和生活环境中有特点的声音，并产生相应的联想

二、生活化教育课程活动内容（表4-2）

表4-2 生活化教育课程活动内容

<table>
<tr><th>课程项目</th><th>学期</th><th>小班</th><th>中班</th><th>大班</th></tr>
<tr><td rowspan="2">基础性课程活动（主题探究活动活动）</td><td>上学期</td><td>①与自我和谐。
主题：身体的秘密
②与社会和谐。
主题：嗨！你好
③与自然和谐。
主题：颜色蹦蹦跳
主题：动物朋友
主题：大大小小</td><td>①与自我和谐。
主题：最棒的我
②与社会和谐。
主题：海陆空出动
③与自然和谐。
主题：伞花朵朵开
主题：拜访大树
主题：走进纸王国</td><td>①与自我和谐。
主题：牙齿咔咔咔
②与社会和谐。
主题：符号会说话
主题：红红的新年
③与自然和谐。
主题：地球小卫士
主题：相反国</td></tr>
<tr><td>下学期</td><td>①与自我和谐。
主题：宝贝一家
主题：干净小超人
②与社会和谐。
主题：车子叭叭叭
主题：热热闹闹的庙会
③与自然和谐
主题：小鱼儿游游游
主题：水果多多</td><td>①与自我和谐。
主题：亲亲我的脸
②与社会和谐。
主题：快乐工作达人
主题：温塘庙会
③与自然和谐。
主题：恐龙探险队
主题：虫虫，虫虫飞
主题：顽皮一夏</td><td>①与自我和谐。
主题：再见了幼儿园
②与社会和谐。
主题：买卖小高手
主题：我为庙会出份力
③与自然和谐。
主题：盖房子
主题：惊奇一线
主题：跟着我！影子</td></tr>
<tr><td>特色性课程活动（自主式小社团活动）</td><td colspan="4">阅读、音乐之声、创意美术、小科学家、DIY手工、园艺、烹饪、乐高、小模特、狮鼓、小记者、足球、篮球、体操。</td></tr>
<tr><td>拓展性课程活动（和谐家园活动）</td><td colspan="4">亲子节日主题活动、爸爸妈妈故事团、亲子社会实践、父母课堂、家长开放日。</td></tr>
</table>

三、生活化教育课程结构（图4-1、图4-2、表4-3）

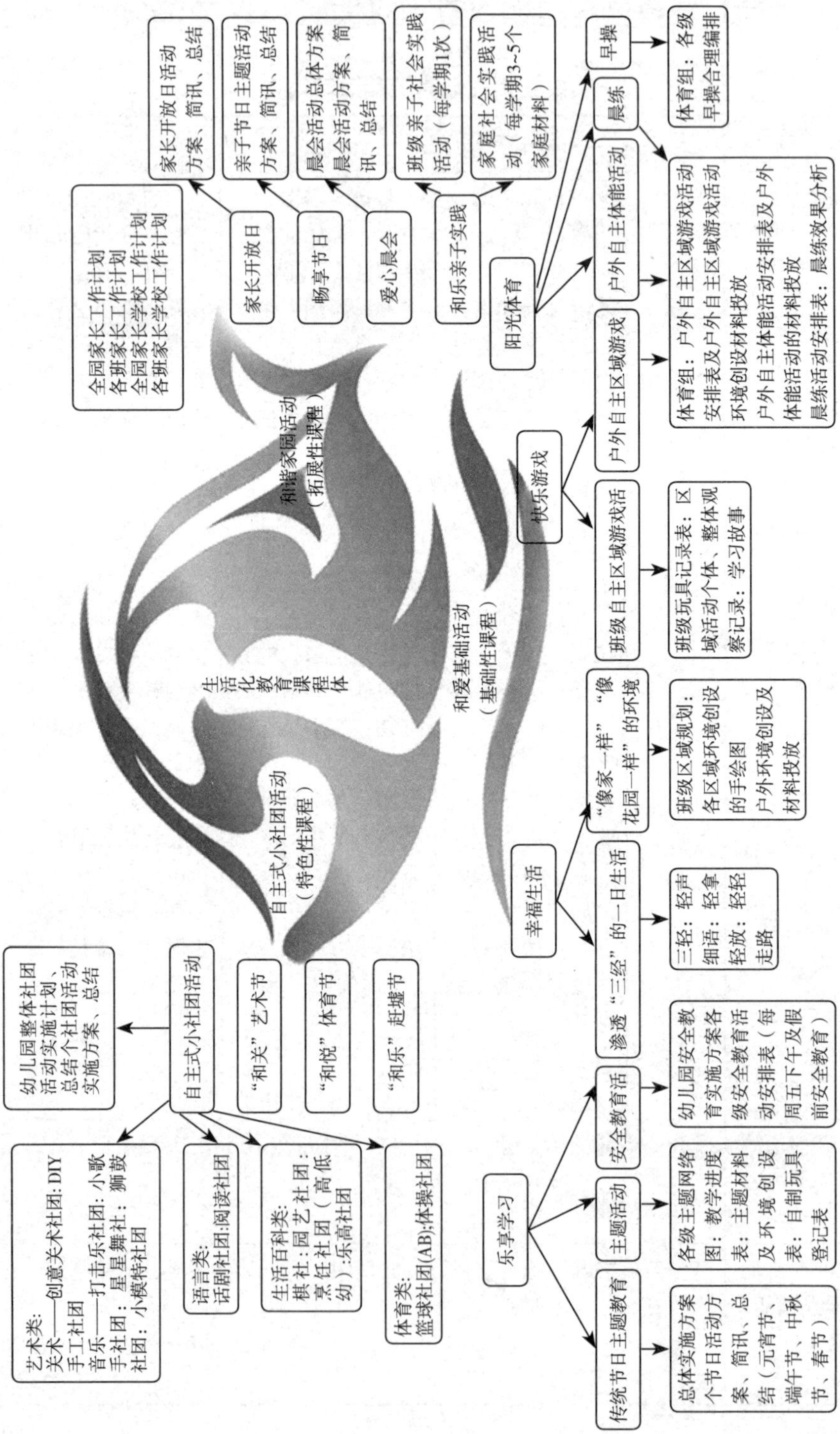

图4-1 生活化教育课程结构

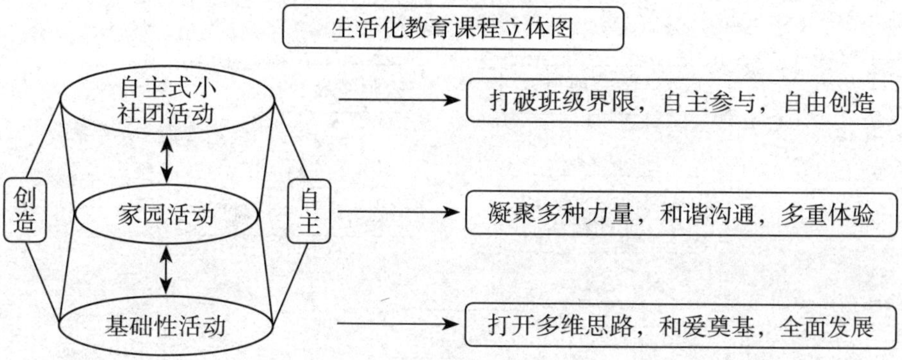

图4–2　生活化教育课程立体图

表4–3　生活化教育课程活动时间比例

课程活动		小班（与总活动比例）	中班（与总活动比例）	大班（与总活动比例）
基础性课程	学习	13.9%	14%	15%
	生活	44.4%	48.3%	50%
	游戏	22.2%	21.5%	20%
	体育	16.7%	17.2%	18%
自主式小社团活动		上学期（0）下学期（11.1%）	10.7%	10%
和谐家园活动		以具体情况为准	以具体情况为准	以具体情况为准

四、生活化教育课程的组织实施

（一）灵活组织

1. 层层落实

园本课程制定的目标层层分解、层层落实（图4–3）。

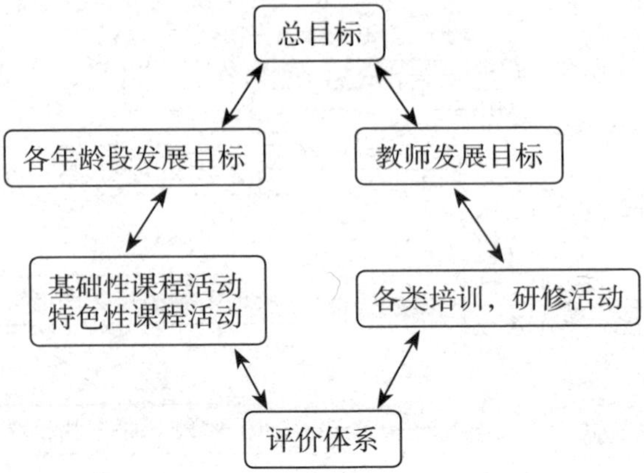

图4-3 园本课程制定目标分解

2. 组织形式

生活化教育课程的组织形式除常规的集体活动、分组活动以外，还有幼儿喜爱的以幼儿自主选择及幼儿兴趣需要为主的混龄、混班的自主式小社团活动。

课程组织过程中强调尊重幼儿个体差异，教育源于幼儿生活，以幼儿自身的兴趣与能力为基点，给幼儿更多自主探索的空间，创设一个适宜、宽松、愉悦的生活学习环境，鼓励、支持幼儿的个性发展。

（二）灵动实施

1. 实施途径

幼儿园生活化教育课程围绕课程核心理念，以基础性课程+特色性课程+拓展性课程为主要形式实施课程。

基础性课程：基于生活化的主题探究活动，围绕与自我和谐（爱己）、与社会和谐（爱人）、与自然和谐（博爱）三个方面，涵盖健康、语言、社会、科学、艺术五大领域，适合集体或小组共同探究、学习、发展的各种活动。

特色性课程：自主式小社团活动，主要在幼儿园各班级活动室、功能室、户外原地中进行，开设语言、艺术、生活百科、体育四大类社团，其中有话剧社、阅读社、小主持人社、创意美术社、DIY手工社、烹饪社、音乐之声社、篮球社、足球社、体操社、乐高社、棋社等十几种社团，适合个人或同伴自主探究与发展的各种活动。

拓展性课程：主要以家庭与幼儿园、社区的互动联系为主，包括开放日、亲子社会实践、节日主题等活动，让家长参与到课程实施中来，形成一体的教育机制。

2. 实施场所

班级活动室：是幼儿学习、生活、游戏的空间，也是促进、锻炼、丰富幼儿各方面能力发展的家园，更是幼儿生活的栖息之地。

工作坊：结合各类社团的独特性，以社团命名，将各类功能室转化为幼儿活动的场所，教师创设适宜的环境，提供丰富的活动材料，幼儿根据自己的兴趣和爱好自主活动，鼓励幼儿大胆表现，展现个性。

户外活动场地：幼儿园户外功能齐全、材料多元，能够满足幼儿的多种生活体验。

园外的活动空间：拓展性课程的主要实施场所是大自然、大社会，幼儿与家长共同体验。

3. 实施要点

（1）活动：让教育源于幼儿生活。

为培养幼儿“自尊自信、和爱友爱、亲近自然、乐于探索、健康智慧”的品质，创设“像家一样的班级环境”、“像花园一样的户外环境”，提供丰富多元、开放自主的材料，保障幼儿的游戏时间和空间，精心设计活动内容，在活动中促进幼儿的全面发展。

（2）记录：让观察源于点滴成长。

重视幼儿发展的过程性评价，在幼儿日常生活中完成过程性资料的记录和收集，教师通过学习故事、拍照、录像、表格、成长档案、个案跟踪等方式呈现过程；幼儿通过分享回顾、绘画计划、表格记录等方式呈现过程；家长通过图书漂流记录、幼儿发展报告册、表格记录等方式呈现过程。

班级主题墙、作品墙每月更换一次，幼儿作品当天呈现。每学期对主题墙进行拍摄留档，注重家园联系栏内容的更新。

班级环境如家一样温暖，体现幼儿的生活过程，充分利用幼儿生活的材料，调动幼儿参与的主动性和积极性，幼儿养成良好生活习惯。

（3）提升：通过环境与材料提升幼儿生活质量。

教师在教学中应充分运用生活材料和生活环境，通过主题探究活动、自主式小社团活动、户外游戏、体能锻炼等让幼儿在生活中自然成长。区域活动中提供奶粉罐、树枝、藤条、塑料瓶等取之于幼儿生活的材料，让幼儿在活动中建构经验、创造、反思，促进幼儿的多元发展。

优化幼儿的一日活动，遵循幼儿的发展规律，做到动静相宜、张弛有度。善于发现幼儿的生活需要，选择适宜的活动内容，进行有效的探究和交流分享；利用生活的各个环节，注重对幼儿良好习惯和品行的培养；发现教育契机，适时介入，引导幼儿的成长。

（4）合作：多种形式调动家长参与课程建构。

调动家长参与课程建构，能够更有利于调动家长的积极性，形成家园合作的良性循环，共同促进幼儿园园本化课程建设，科学、合理地构建课程体系，提升课程质量。

每学期开设父母课堂，以体验式家长会、开放日等方式进行，让家长体验并亲身感受教育，从中获得教育的有效信息。

利用晨会活动，发动家长积极参与，为幼儿带来精彩的表演；“爸爸妈妈故事团”让每位家长都能够参与到教育教学活动中，为幼儿的成长添砖加瓦。

社会实践活动，幼儿与家长有了更多的亲密接触，共同感受各种风土人情、自然风貌，让幼儿与生活零距离接触。

五、生活化教育课程评价体系

课程实施中的评价体系淡化评价的鉴定功能，强化评价的诊断功能，建立教师实践中反思、自主提高的评价方式与相应制度，主要特点是评价的产生和实施采用自我诊断、自我调节、自行评价方式，体现教师的自主地位，逐渐形成“自我认识、自我监测、自我发展”的机制，使评价工作成为提高和促进幼儿园保教质量不断提高的有效平台。

评价包含幼儿发展、幼儿园课程、教师发展三个部分。

（一）对幼儿的评价

（1）评价的目的：促进幼儿和谐发展。

（2）评价的内容：参照《3–6岁儿童学习与发展指南》。

（3）评价的方法：

① 观察法：以自然观察为主，教师要收集大量真实的通过自然观察所获得的资料，提供丰富的反映幼儿发展状况的事实依据；同时也可根据需要，进行

情境性观察，即将幼儿置于与现实生活类似的情境中，由评价人员对幼儿进行观察。观察记录可以采用文字描述、表格式，也可以运用录音、录像、照相等方式。

② 访谈法：教师在日常生活中要提供时间、机会，让幼儿表述自己的感受和经验。教师要注意倾听并从中获得幼儿的真实想法，还要经常与其他工作人员和家长进行交流，以便更全面、准确地了解幼儿的发展。

③ 建立成长档案：成长档案是一种综合性的评价方法。它包括对幼儿在较长时间内的发展进行观察与记录，收集并分析幼儿的作品，经过整理后进行评价，以反映幼儿在一段时间内的学习过程与成长轨迹。

评价人员可以根据需要，有侧重地选用多种评价方法，对评价所获得的信息进行综合考虑，全面地评价幼儿各方面的发展。

（二）对课程的评价

（1）评价的目的：对幼儿园实施与开发的课程进行价值判断，旨在发挥评价的反馈调节功能，要促进课程设计和课程实施的有机结合，不断提升课程的质量。

（2）评价的内容：参照《幼儿园教育指导纲要（试行）》《3-6岁儿童学习与发展指南》。

（3）评价的方法：由幼儿园管理人员、教师、家长以及有关专家一起参与课程评价工作。管理层要组织相关人员定期对幼儿园施行的课程进行分析评估，针对问题寻找改进对策。要鼓励教师、教研组在日常反思的基础上，诊断、发现幼儿园课程设置与实施中的不足，及时反馈调整。同时，也要注重收集来自家长的信息，并请有关专家对课程实施后的实际效果进行评估，使幼儿园课程日臻完善，形成课程不断革新和更新的机制。

在使用评价指标评估幼儿发展和幼儿园课程时，我们将幼儿园课程部分的评价与幼儿发展部分的评价有机结合。通过持续观察、访谈、检视作品和阅读资料等，并综合教师、保育员、家长的意见，全面了解幼儿发展情况，检视幼儿园课程实施的成效，并不断进行自我改进和完善，同时，还根据幼儿发展的实际需要，提供合适的课程支持。

（三）对教师的评价

（1）评价的目的：促进教师专业化水平的自主发展。

（2）评价的内容：包括创设教育环境、设计组织教育教学活动以及在活动中与幼儿的互动三方面。

① 创设教育环境：主要看教师在时间和空间上是否为幼儿营造了安全、温馨的氛围，保证幼儿自主地开展活动；是否创设了对幼儿有激发性的环境，使环境成为课程的组成部分；在各类活动中，教师是否提供了适宜的活动材料，注重材料的丰富性和多功能性，有助于幼儿自由选择、探索与表现。

② 设计组织教育教学活动：主要看教师目标的设定是否建立在对幼儿的实际需要和现有发展水平了解的基础上；教育的内容选择是否切实可行，适合学前教育机构所在地的文化背景以及幼儿的发展需要；教育教学过程的设计能否引发幼儿生动活泼、积极主动地活动，促进幼儿自主探索与思考；在教育过程中是否关注、尊重来自幼儿的信息，并能做出相应的回应。教育教学活动是否既符合大多数幼儿的发展水平和需要，又顾及幼儿个体差异，使每个幼儿都有进步和成功的体验。

③ 与幼儿的互动：主要看教师在活动过程中，是否关注幼儿与环境材料、幼儿与同伴之间相互作用的过程；是否能在观察的基础上，做出恰当的判断，并及时地、积极地与幼儿互动，以有效促进幼儿的发展

（3）评价的方法：教师自评（自评表、案例反思）、他评（观摩活动、教学研讨、微格分析、专业化考核等）。

第三节　生活化教育课程管理

园长是幼儿园课程管理的第一责任人，要依照法规和本园课程方案实施有效管理，负责建立完善各项课程管理制度，领导课程实施方案的编制，对课程

资源进行统筹协调，组织课程评价，并在动态的过程中，形成适合本园和幼儿发展需要的课程运作流程。

幼儿园教研组是幼儿园课程实施的职能部门，负责对整个幼儿园共同性课程和选择性课程的日常实施进行观察、统整、协调和测评；建立并制定幼儿园课程实施过程中的一系列基本规范和要求并落实到位；定期与园长一起对课程、课程内容、教材选用、课程实施过程中的难点和重点问题等展开研究；组织教师开展“问题改进”的园本研修；就课程资源的常规配置、课程实施中的相关配合与其他部门建立畅通的联系。幼儿园教研组同时负责对幼儿园课程方案的整理、筛选、修订和更新，对课程实施形式和策略改进等展开研究，进行课程资源的开发和推广，以推进课程的有效实施和健康运行。

幼儿园后勤组是课程有效实施和运行的保障机构，对幼儿园课程实施中的后勤人员、经费、设备、设施、食卫环境等进行全面维护和管理，确保课程实施的健康、高效和优质。

一个好的、有效的课程应该有一个目标明确、计划周密、组织有力的管理组织。在课程实践过程中，各部门必须密切协调统一，共同发力，全面实施，整体推进，不断反思，逐步完善，努力提高课程的实效性。我们坚信，只要我们永葆教育情怀，一定能将中华优秀传统文化的精髓传递给孩子们，浸润孩子们美好的心灵，促进孩子们的全面发展，为孩子们的终身发展打下良好的基础。

一、成立课程管理领导小组

组　长：陈妍慧（园长）。

副组长：张霞（副园长）、龙梅（副园长）。

组　员：卢丹宁、鲁尚英、黎兴云、各班班主任教师。

二、建立健全课程管理制度

（一）各部门职责

1. 园长室——课程领导与决策、开展教师培训、拓展教育资源、实施质量监控

（1）组织编制课程实施方案，加强对材料选用、保教过程、保教质量的管理，围绕幼儿园课程实施方案的执行情况，定期做好阶段性总结与调整。

（2）按照幼儿园空间资源的实际情况，贯彻保育与教育相结合的原则，合理制定各年龄段幼儿活动作息规划，为教师开展班级活动提供主要依据。

（3）构建园内共享的多媒体资源库、课程素材库、优质活动资源库，及时提供帮助教师开展各类活动的多种课程资源。

（4）开展师资培训，尊重教师开发、实施、评价课程的权利，鼓励教师在课程实践中发挥自主性和创造性，指导教师在制定一日活动各环节的活动内容时体现层次性和弹性，使活动形式和环境具有选择性，使幼儿多方面需要获得满足，产生活动的积极性，主动参与活动，体现各类活动实施的有效性。

（5）动态把握课程实施情况并及时做出科学合理的调整。随时关注各年龄段、各班级的课程实施内容，对不适宜的课程内容进行及时的调控。

（6）搭建教师开展课程实施信息交流的平台，以实现优秀经验的分享、共性问题的剖析、不同层次教师的发展。

2. 课程实施小组——引领课程理念的落实、课程内容的创新设计、案例研究、信息采集与分享、带教教师

（1）组织教师把握课程理念、目标，充分考虑幼儿身心特点，研讨与制定符合实际需要的、操作性强的各类计划。

（2）定期组织课程中心组成员进班观摩教师活动，依据当前的研究重点了解教师实践中的问题与需求。

（3）课程实施中心组定期开展研讨活动，对教研组提交的问题进行梳理和总结。

（4）加强与家庭、社区的密切合作以及与相邻阶段教育的衔接。积极创造条件，让家长认同、支持、参与幼儿园课程的开发和实施。要充分利用家庭、社区及周边环境的教育资源，扩展幼儿生活和学习的空间。

3. 教研组——交流课程实施的经验，发现、提炼组内的共性问题，课程资源共享

（1）组织课程实施，交流课程实施的经验，发现、提炼组内的共性问题。

（2）整理课程资源，实施资源共享。

（3）积极支持、帮助家长提高家庭教育的能力，家园合作，共同促进幼儿的健康成长。

4. 班级——生成活动样式、实施进程调控、活动资源利用开发、幼儿行为观察

（1）尊重幼儿游戏的权利，坚持以游戏为幼儿园的基本活动形式，保证幼儿每天有充分的游戏活动时间。

（2）创设适合幼儿发展的、支持性的环境。环境的创设和材料的提供既要符合幼儿的现有水平，又要富有一定的挑战性，让每个幼儿在与环境、材料的有效互动中，大胆地探索，充分地表达，获得各种有益的经验。

（3）观察、分析幼儿的行为，生成活动样式，在实施过程中调控，不断利用、开发活动资源。

（二）建立相关制度

要建立保教常规管理制度、教学活动评价制度、幼儿发展评价制度、教师文案管理制度、教师工作考核和评价制度、课程开发审议制度、课程评价制度、各类资源管理制度和使用办法。

1. 课程管理网络

幼儿园课程管理的组织网络为课程的实践操作提供最基本的保证。

（1）建立以园长为首的幼儿园课程实施领导小组，调控全园的教育教学，协调各方面的教育资源。

（2）建立以业务园长为首的幼儿园课程实施研究小组，定期开展课程园本化的实践研究。

（3）建立以家委会为主要成员的幼儿园课程实施监督小组。

（4）实施幼儿园、教研组、班级三级管理，在确保幼儿基本经验获得的前提下，各教研组、班级根据实际情况开展相应的活动。

此方案为试行稿，在实践过程中不断调整、充实。

此方案另附有本园幼儿一日常规及保教人员工作程序要求（图4–4）

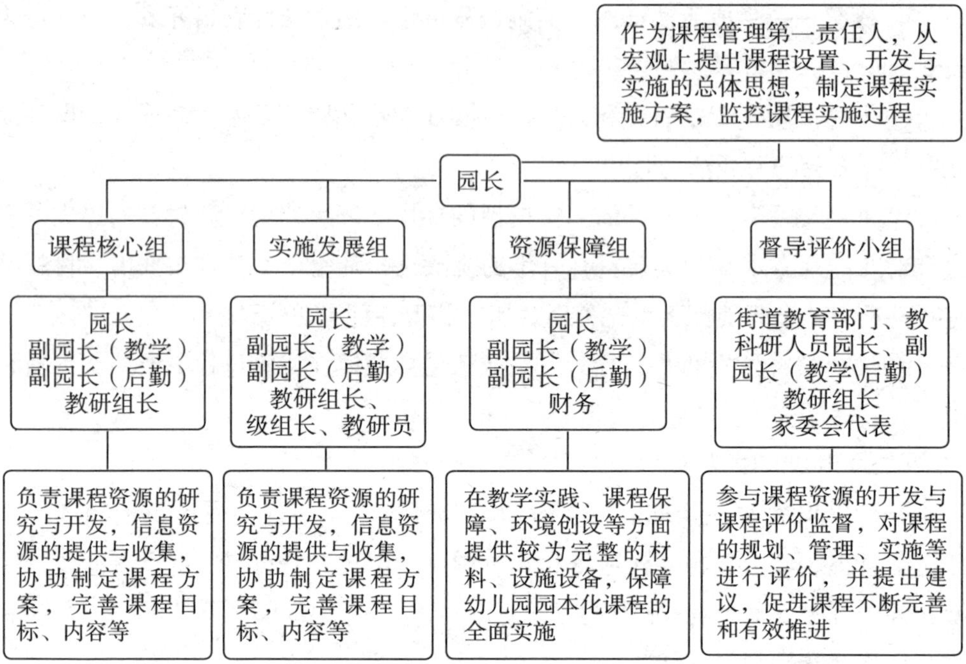

图4-4　课程管理网络图

附：

表4-4　东莞市东城第一幼儿园幼儿一日常规及保教人员工作程序要求

环节	时间	幼儿常规	教师职责及要求	保育员职责及要求
入园、晨检及晨间活动	7：30～7：50	①衣着整洁，愉快来园，接受晨检。②有礼貌地向老师、小朋友问好，同家长再见。③将外衣、帽子等叠整齐，放在固定的地方。④值日生工作：分发玩具、给植物浇水、分发餐具等。⑤参加晨间活动	①热情接待家长及幼儿，主动向家长、幼儿问好，用真诚的微笑向家长传递尊重、信任、关怀的信息。②晨检及指导需服药的幼儿家长填写服药单。③组织晨间活动	①打开室内门窗通风，清洁活动室。②做好室内卫生，调节室温。③热情接待家长及幼儿，主动向家长和幼儿问好，用真诚的微笑向家长传递尊重、信任、关怀的信息。④帮助幼儿把衣物放到固定的位置。⑤准备好幼儿饮水。⑥做好餐前准备工作

续 表

环节	时间	幼儿常规	教师职责及要求	保育员职责及要求
早操体能活动	7：50～8：20	①有序排好队到指定场地准备做操。 ②听从教师的口令，听音乐精神饱满地认真做操，动作到位	①组织幼儿排好队到指定场地做操。 ②8：00左右开始做操，各级分开做。 ③教师精神饱满、面带笑容、动作到位、刚柔适中	擦幼儿餐桌、幼儿用桌，准备幼儿早餐
餐前盥洗及早餐活动	8：20～8：50	①轮流洗手，不拥挤打闹。 ②按照要求洗手，方法正确。 ③不玩水，节约用水。 ④用自己的毛巾擦手，用后放回固定的地方。 ⑤正确使用餐具，一手扶碗一手拿勺（筷子），安静就餐。 ⑥干稀搭配，细嚼慢咽，一口饭一口菜就着吃，不把菜全部倒入碗里吃。 ⑦吃饭时不东张西望，保持餐桌卫生。 ⑧不挑食，不浪费粮食。 ⑨餐后整理桌面，自己放餐具，漱口，擦嘴	①组织幼儿用流动水洗手。 ②教幼儿用正确的方法洗手。 第一步：掌心相对，手指并拢相互摩擦。 第二步：手心对手背沿指缝相互搓擦，交换进行。 第三步：掌心相对，双手交叉沿指缝相互摩擦。 第四步：一手握另一手大拇指旋转搓擦，交换进行。 第五步：弯曲各手指关节，在另一手掌心旋转搓擦，交换进行。 第六步：搓洗手腕，交换进行。 ③教幼儿用自己的毛巾擦手并放回固定的地方。 ④教育幼儿节约用水。 ⑤为幼儿创设安静、愉快的就餐环境，餐前、餐中不处理问题。	①协助教师检查幼儿是否用正确的方法洗手。 ②指导幼儿学会用自己的毛巾擦手。 ③做好幼儿毛巾、口杯的清洁、消毒工作。 ④照顾幼儿进餐，根据幼儿的饭量及时为幼儿添加饭菜。 ⑤关照吃饭慢、身体不适、病后初愈的幼儿。 ⑥协助教师培养幼儿良好的进餐习惯。 ⑦整理餐具，打扫活动室、盥洗室卫生。 ⑧清洗餐巾

续 表

环节	时间	幼儿常规	教师职责及要求	保育员职责及要求
餐前盥洗及早餐活动	8：20～8：50		⑥向幼儿介绍饭菜的名称，增进幼儿食欲，教育幼儿不挑食、不浪费粮食。 ⑦教幼儿正确使用餐具，提醒幼儿细嚼慢咽。 ⑧照顾个别幼儿。 ⑨教幼儿用正确的方法漱口、擦嘴	
谈话活动、自主游戏活动	8：50～9：50	①主动参与活动，认真倾听。 ②积极举手回答，大胆提出问题。 ③坐姿端正。 ④情绪愉快地自选游戏。 ⑤遵守游戏规则。 ⑥积极地参加活动，充分发挥想象力、创造力，做活动的主人。 ⑦正确使用、爱护玩具，玩后将玩具放回原处。 ⑧学习自己解决问题，学习处理和小朋友的关系	①根据本班幼儿的年龄特点选择谈话内容。 ②做好半日活动计划及幼儿的进区安排。 ③利用启发式的语言，鼓励幼儿展开想象、提出问题，保护幼儿思维过程中的创造萌芽。 ④善于发现并寻找谈话契机。 ⑤根据幼儿的年龄特点和发展水平创设适宜的活动区域，为幼儿提供丰富的、不同层次的活动材料和玩具。 ⑥激发幼儿参加活动的兴趣，培养幼儿的想象力和创造力。 ⑦观察幼儿在活动中的表现，适时地介入，给予建议、指导或参与游戏。 ⑧有计划地组织幼儿自制并收集玩具。 ⑨引导幼儿评价游戏	①协助教师做好谈话前准备。 ②做好餐后的收拾整理，帮助吃饭较慢的幼儿。 ③活动中观察幼儿的身体、情绪及参加活动的情况，必要时给予照顾。 ④协助教师指导、参与游戏。 ⑤照顾有其他需要的幼儿

续 表

环节	时间	幼儿常规	教师职责及要求	保育员职责及要求
学习活动	9：50～10：25	①主动参加活动，认真听老师讲课，充分发挥想象力、创造力，做活动的主人。 ②积极举手回答问题，敢于发表自己的意见。 ③学习正确的看书、书写姿势。 ④做到“三轻”（说话轻、走路轻、拿放东西轻）	①根据本班幼儿的年龄特点，采取游戏化的教学形式、方法，吸引幼儿的注意力。 ②利用多种教具，让幼儿直接感知和动手操作。 ③利用启发式的语言，鼓励幼儿展开想象、提出问题，保护幼儿思维过程中的创造萌芽。 ④灵活采用集体、小组、个别的活动形式及多样化的教学方法	①协助教师做好课前准备。 ②配合教师开展教学活动。 ③活动中观察幼儿的身体、情绪及参加活动的情况，必要时给予照顾。 ④活动结束协助教师整理环境
户外活动	10：25～11：20	①情绪愉快地参加体育、游戏活动。 ②遵守游戏规则。 ③不怕困难，勇敢地接受挑战。 ④注意安全，不离开老师的视线。 ⑤根据冷热增减衣服	①有目的地组织适合本班幼儿的体育、游戏活动。 ②活动材料丰富。 ③调动幼儿参加活动的兴趣性、主动性、积极性。 ④掌握好活动量，注意动静交替，保护幼儿的安全。 ⑤帮助幼儿增减衣服	①协助教师组织幼儿体育活动、游戏。 ②管理活动材料。 ③照顾幼儿的安全，特别关照体弱儿。 ④组织有需要的幼儿上厕所。 ⑤帮助幼儿增减衣服
午餐准备	11：20～11：30	同早餐	同早餐	①同早餐。 ②拖走廊地，拉寝室窗帘。 ③帮小班幼儿铺好被子。
午餐	11：30～11：50	同早餐	同早餐	同早餐

续 表

环节	时间	幼儿常规	教师职责及要求	保育员职责及要求
餐后活动	11：50~12：15	①餐后按老师的要求散步，一个接着一个走，不推、不挤小朋友。②认真参与餐后活动	①组织幼儿散步，散步前对幼儿提出目的和要求，引导幼儿观察、讲述所看到的事物。②组织好幼儿的餐后活动，帮助幼儿了解更多知识	①收拾好餐桌及幼儿用餐餐具，送到厨房清洗。②随时注意幼儿安全。③拖地（需要搬床的班级，应及时将床搬好）
午睡	12：00~14：30	①安静进入睡眠室。②按顺序脱衣服、鞋袜，衣服折叠好后放在固定位置。③不带小玩物上床。④盖好被子，安静入睡。⑤午睡时有大小便主动向老师表示	①指导、帮助幼儿按顺序脱衣。②检查、指导幼儿叠放好衣服和鞋子。③检查幼儿是否带东西上床。④检查幼儿盖被情况，纠正不良睡姿	①指导、帮助幼儿按顺序脱衣。②检查、指导幼儿叠放好衣服和鞋子。③检查幼儿是否带东西上床。④检查幼儿盖被情况，纠正不良睡姿。⑤在幼儿午睡过程中，应随时巡检，注意观察幼儿
起床	14：00~14：30	①按时起床。②按顺序穿衣服、袜子、鞋。③学习叠被、整理床铺。④如厕。⑤洗手	①打开窗帘，放轻音乐。②指导帮助幼儿穿衣服、叠被子、整理床铺。③检查幼儿着装，可让幼儿互相检查。④提醒幼儿如厕、盥洗、喝水。⑤给女孩子梳头	①准备好午点、水。②寝室开窗通风。③整理被褥。④搞卫生。⑤需要搬床的班级，将床搬好
学习活动、社团活动	14：30~15：10	同上午	同上午	同上午
午点	15：10~15：4	同午餐	同午餐	同午餐

续 表

环节	时间	幼儿常规	教师职责及要求	保育员职责及要求
户外游戏活动	15：40~16：20	同上午	同上午	同上午
整理及离园活动	16：20~17：30	①自选安静游戏。 ②穿戴整理衣服。 ③向家长问好，同老师、小朋友再见	①组织幼儿安静游戏。 ②组织好幼儿活动（如听故事、绘本或桌面游戏等）。 ③帮助幼儿回忆一日活动主要内容。 ④检查幼儿仪容仪表，帮助幼儿整理衣服。 ⑤使用礼貌用语，态度和蔼地把幼儿交给家长，有计划地与家长简单交流。 ⑥检查班级安全工作	①餐后整理，搞好活动室、盥洗室的卫生。 ②便池消毒。 ③洗毛巾、水杯，做好消毒。 ④协助教师帮助幼儿整理衣服。 ⑤关好各屋室的门窗和水电。 ⑥配合教师送孩子

第五章

传承优秀文化　浸润美好心灵[①]

——韶关市武江区新华幼儿园中华优秀传统文化教育的实践研究

《关于实施中华优秀传统文化传承发展工程的意见》提出，把中华优秀传统文化“贯穿于启蒙教育、基础教育、职业教育、高等教育、继续教育各领域”。

韶关市武江区新华幼儿园立足幼儿园自身的实际情况和本土资源，不断拓宽思路，挖掘我国传统文化中蕴含的教育资源，将传统文化融入幼儿园课程中，寓于幼儿的一日生活中，让幼儿在浓厚的中华优秀传统文化的熏陶下健康快乐地成长。

① 本章作者为广东省韶关市武江区新华幼儿园黄建荣。

韶关市武江区新华幼儿园

韶关市武江区新华幼儿园是一所市一级公立幼儿园，1998年成立，园所占地面积1205平方米，建筑面积3550平方米，现有15个教学班，73名教职工，397名幼儿。幼儿园环境优美舒适，设施设备齐全，户外活动场地宽敞，是幼儿快乐学习、生活的乐园。

幼儿园始终坚持促进幼儿身心健康和谐发展、为幼儿的终身发展奠定基础的办园宗旨，明确给幼儿一个快乐童年的办园理念，紧紧围绕快乐幼儿、幸福教师、品质幼儿园的发展总目标，构建了团队和谐、环境和美、教育和善、课程和润、家园和睦的校园和文化，形成了良好的园风，凸显了艺术、科学的教育特色，让快乐伴随幼儿成长，让养成成就幼儿习惯，让艺术成就幼儿未来。

幼儿园重视教师专业成长，积极开展教科研活动，先后进行了“幼儿园心理健康教育的实践研究”、“幼儿园共享主题区域游戏的实践研究”等25个省级、市级课题研究；有156篇教师的论文在省、市、区的教师论文比赛中获奖；“幼儿园共享主题区域和游戏活动的实践模式研究”获得韶关市中小学教育教学成果一等奖；311名教师在广东省青年教师说课比赛、广东省中小学（幼儿园）体育优秀课例展示、韶关市幼儿教师基本功大赛等比赛中成绩名列前茅；涌现一批优秀教师荣获特级教师、广东省三八红旗手、南粤优秀教师、韶关市教学能手、韶关市优秀教育工作者、韶关市优秀教师、韶关市十佳园长等荣誉称号。近年来，幼儿园获得全国巾帼文明示范岗、广东省安全文明校园、韶关市绿色校园等集体荣誉51项；幼儿舞蹈节目《喵喵》《瑶山小鼓娃》《茶儿小小飘香香》等27个节目在省、市的幼儿舞蹈大赛中获奖；共有1890幅幼儿绘画作品、9个陶艺作品荣获国家、省、市级的奖项。

新华幼儿园全体教职工将不忘初心，牢记使命，积极进取，努力拼搏，以满腔的热情伴随孩子们迈向更美好的明天。

第一节　研究的背景、价值、意义

一、研究的背景

（一）教育的需要

《纲要》中提出："引导幼儿实际感受祖国文化的丰富与优秀，感受家乡的变化和发展，激发幼儿爱家乡、爱祖国的情感。"从中我们深切地体会到幼儿阶段进行中华优秀传统文化教育是一件重要而又伟大的事业。《指南》中也提出："幼儿要具备初步的归属感，知道国家一些重大成就，爱祖国，为自己是中国人感到自豪。"还提出要重视幼儿的学习品质，充分尊重和保护幼儿的好奇心和学习兴趣，帮助幼儿逐步养成积极主动、认真专注、不怕困难、敢于探究和尝试、乐于想象和创造等良好学习品质，而归属感以及良好的品质和习惯可以在中华优秀传统文化的教育中形成。

（二）教育的要求

2017年1月，中共中央办公厅、国务院办公厅印发了《关于实施中华优秀传统文化传承发展工程的意见》，并发出通知，要求各地区各部门结合实际认真贯彻落实。党的十九大报告中明确要求："深入挖掘中华优秀传统文化蕴含的思想观念、人文精神、道德规范，结合时代要求继承创新，让中华文化展现出永久魅力和时代风采。"

（三）学习探究的需求

当前幼儿教师对中华优秀传统文化的教育教学了解、理解和重视程度不够；教育过程中注重知识的讲授，轻传统文化的内涵理解以及实际运用；我们国家的优秀传统文化博大精深，内容丰富，涉及的领域繁多，教师找不到好的切入口，教育的内容不够深入、不够缜密，有时甚至比较随意，缺乏系统性和专业性；教学方法比较单一；缺乏比较成熟、完整的课程体系。这些问题一直困扰着我们，值得深入研究和探讨。

（四）幼儿园的基础

我园近年来已尝试将中华优秀传统文化教育融入幼儿园的课程及活动当中，教师对优秀传统文化教育的意义有了一定的理解，在尝试中也掌握了幼儿的学习规律，积累了一些教育教学经验，取得了一定的成绩。例如，开展幼儿戏剧教育、幼儿武术教育等富有中华传统教育特色的教学，深受师生和家长的喜欢；有较好的中华优秀传统文化教育的基础，但比较零散，没有形成系统的课程体系。

二、研究的价值

（一）研究的学术价值

（1）寻找到幼儿园开展优秀传统文化教育的切入点，以及有效教育的形式和方法。

（2）进一步挖掘、收集适合幼儿学习的优秀传统文化教育的内容，丰富幼儿园传统文化教育的内容。

（3）加强传统文化教育与幼儿园课程的融合与整合，提高其所占幼儿园课程的比重。

（4）进一步分析优秀传统文化教育对幼儿的促进与发展。

（5）了解社会、家庭对幼儿园实施优秀传统文化教育的认知和认可度，以及幼儿园开展优秀传统文化教育对社会、家庭的意义。

（二）研究的应用价值

（1）将研究成果运用到实际的教育教学当中，不断总结、分析、完善。

（2）研究成果分阶段采取以点带面的形式，带动本区、本市的幼儿园继续实践和研究，取得更好的成果。

三、研究的意义

中华优秀传统文化是中华民族的精神命脉，是涵养社会主义核心价值观的重要源泉，也是我们在世界文化激荡中站稳脚跟的坚实根基。中华优秀传统文化是国家的“根”、民族的“魂”，是维系一个社会繁荣稳定的支柱，只有通过传承和创新，才能维持文化的生存和促进文化的发展。幼儿园是基础教育的重要组成部分，起着为幼儿终身发展奠定基础的作用。幼儿对我国优秀传统文化的认识、理解，以及优良品质和良好习惯的养成，是从小建立起来的，需要从幼儿开始培养。因此，幼儿园开展中华优秀传统文化教育有着深远的意义。

第二节　研究的依据与核心理念

一、研究的依据

中华优秀传统文化是经过长期历史积淀而形成的，至今仍影响着人们的思维方式、价值观念、道德风貌、社会习俗等深层次文化方面的思想和行为方式上的习惯。中华优秀传统文化既彰显着过去，又支撑着未来。幼儿年龄小，是非观念比较模糊，需要我们对他们进行中华优秀传统的教育。

（一）中华优秀传统文化与五大领域教育的整合

《纲要》中明确指出："幼儿园的教育内容是全面的、启蒙性的，并将幼儿园教育内容划分为五大领域。各领域的内容相互渗透，从不同的角度促进幼儿情感、态度、能力、知识、技能等方面的发展。"因此，我们的中华优秀传统文化的课程以主题的形式贯穿始终，并拓展到五大领域教育当中，给师生提供自主学习、深入探究的机会，让他们从中悟出传统文化的思想精髓，掌握相关的知识和技能，养成良好的行为习惯，培养良好的思想品质和意志品质，促进幼儿的全面发展。

（二）中华优秀传统文化教育符合幼儿的年龄特点

（1）能激发幼儿的好奇心和学习探究欲望。中华优秀传统文化博大精深，内容形式多样，具有浓厚的民族色彩和地域特色，容易引起幼儿的好奇心和学习兴趣。例如，传统的京剧、变脸、皮影戏、扎染、拓印等传统文化，容易激发幼儿的好奇心和学习探究的欲望，符合幼儿的年龄特点。

（2）经典故事可以培养幼儿良好的品质。花木兰代父从军、穆桂英挂帅等英雄故事，可以激发幼儿的爱国热情和立志报效祖国的英雄气概。

（3）传统民间游戏能促进幼儿的全面发展。民间游戏丰富多彩，集趣味和童趣于一身，能极大地调动幼儿学习的积极性和潜能。朗朗上口的游戏童谣，发展了幼儿的语言表达和鉴赏能力；有趣的游戏可以促进幼儿动作的发展，游戏中的沟通和合作，有利于幼儿的社会性发展。

（4）民间艺术可以提升幼儿的艺术素养。传统国画、剪纸、戏曲等艺术深受幼儿的喜欢，传统艺术文化的教育可以让幼儿欣赏到传统艺术的魅力，掌握技能，提升幼儿的艺术素养。

（5）传统节日可以让幼儿了解中华文化和习俗。传统的春节、端午节、中秋节、重阳节等传统节日，可以帮助幼儿了解中华传统文化，感受传统节日的习俗及节日的来源等，有利于培养幼儿良好的习惯和品质。

（三）中华优秀传统文化符合政策的相关要求

根据《纲要》《指南》《广东省幼儿园一日生活指引》等相关要求，科学合理地整合课程内容，安排好幼儿的一日活动，坚持一日生活皆课程的教育理念，充分利用好资源，对幼儿开展优秀传统文化教育，促进幼儿的全面发展。

二、核心理念

幼儿园以“给孩子一个快乐的童年，为孩子的终身发展奠定良好基础”为办学理念，努力实现“快乐孩子、幸福老师、品牌幼儿园”的办学总目标，积极打造校园和谐、环境和美、课程和润、教育和善的“和”文化。经过十多年的积累和沉淀，形成了“和谐、求实、进取、创新”的园风，“快乐、自主、自信、互助”的学风，“敬业、爱生、务实、奉献”的教风；形成了艺术、体育的教育特色，每年坚持开展“艺术节”、“体育节”，积极构建和润的课程体系。一是调动师生和家长的积极性、主动性，营造全员参与、共同探究、积极挖掘中华优秀传统文化的良好氛围；二是畅通传统文化的共享渠道，通过班级微信群、开展分享沙龙活动、组织传统民谣与民间游戏征集等平台，宣传和分享优质教育资源；三是通过主题教育、环境创设、亲子活动等形式多样的实践和探究活动，不断丰富和完善幼儿园的传统文化课程体系；四是组织教师深入探究，不断提高知识水平和实践能力，努力提高教学质量；五是邀请专家具体指导，提升课程的实效，最终通过传承优秀文化来浸润幼儿美好的心灵，不断完善适合幼儿发展的特色课程体系。

第三节　建构过程

幼儿园课程是实现幼儿园教育的手段，是帮助幼儿获得有益学习经验、促进身心全面和谐发展的各种活动的总和。因此，在园本课程的建构中，我们主要从环境、教育内容、传统节日、亲子活动等方面来建构园本课程体系，将中华优秀传统文化教育与幼儿园的五大领域教育、幼儿园一日活动各环节等有机地结合起来，使幼儿在愉悦的学习和探究中得到全面发展，让幼儿在浓厚的中华优秀传统文化的熏陶下健康快乐地成长为国家的栋梁之材。

一、制定课程构建的实施方案

（1）成立课题研究小组，根据小组成员的特长进行合理分工，明确工作职责。

（2）制定研究方案，申报课题，以课题引领课程的构建。

（3）构建课题研究的整体框架（图5-1）。

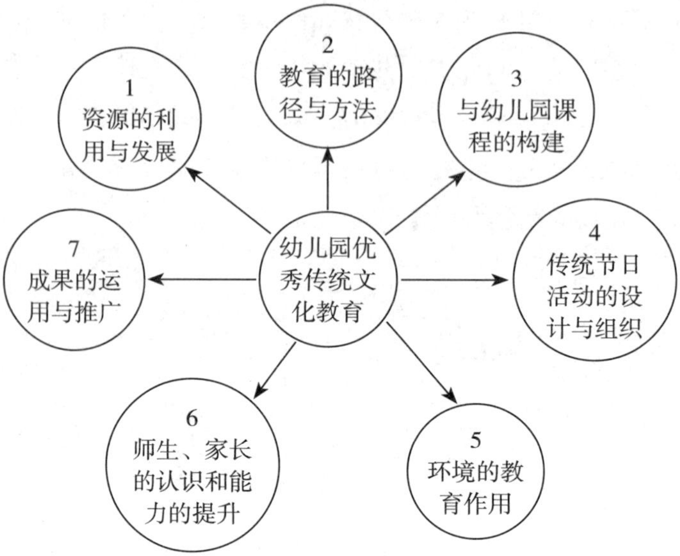

图5-1　构建课题研究的整体框架

二、课题研究拟达到的目标

（一）总目标

通过课题研究提高团队的专业知识和技能，挖掘适合幼儿园开展优秀传统文化教育的资源，探索幼儿园开展传统文化教育的路径和教育的方法，丰富幼儿园传统文化教育的形式和内容，提升家长对传统文化教育的认识，激发家长参与传统文化教育的积极性和主动性，培养德、智、体、美全面发展的幼儿。

（二）具体目标

（1）培养幼儿对中华传统优秀文化的兴趣，掌握相关的知识和技能，促进幼儿德、智、体、美全面发展，养成良好的品质和行为习惯。

（2）挖掘适合幼儿园开展的传统文化教育资源，形成中国传统文化教育的园本课程。

（3）探索幼儿园优秀传统文化教育资源利用与发展的路径和方法，鼓励教师撰写相关论文并发表。

（4）进一步加强教师对幼儿优秀传统文化教育意义的认识，提高研究团队的专业知识和技能水平。

（5）形成比较高质量的结题报告，收集整理相关的研究资料，为后续的研究提供依据。

（6）注重课题成果的运用和推广。加强本地区各姐妹园之间的联系与沟通，及时将课题成果进行分享、运用和推广。

三、构建课程体系

（一）创设良好的育人环境

环境的影响是润物细无声的渗透，良好的环境可以发挥其重要的教育作用，还可以促进幼儿良好行为习惯的养成。我园以“传承和弘扬中华优秀传统文化”为主题，围绕传统文化的继承和发扬，结合创建文明城市主题实践活动，充分利用走廊、墙面等大面积区域，创设了多个蕴含文明礼仪教育的长廊。全园以原木色调为主线布置大环境，以室内外环境及文明礼仪文化长廊为依托，在幼儿园各个角落创设了“无处不在”的教育环境，凸显本园的文化底蕴，呈现出浓浓的传统文化气息。一是在教学楼每层梯间悬挂教师与幼儿通过废物回收利用制作的二十四节气主题板块、传统文化艺术节、传统体育节等有关知识以及活动照片，以展现我国传统文化的深刻内涵和源远流长，让幼儿在不知不觉中感受文化传统文化带来的愉悦。二是利用“一班一主题，一室一特色”的手法，巧妙地在班级、功能室创设了纸工坊、陶艺馆、农工坊、造纸间、戏法轩等，以各种视角诠释中国的传统文化。教师则根据主题来创设相应的环境，如窗子上以剪纸形式展现的民间故事、十二生肖；墙面上、窗台上、区域柜悬挂、摆放的刺绣、编织、脸谱、文房四宝等民族艺术、各民族服饰、传统变戏法、传统戏曲演绎等，以良好的环境潜移默化地影响幼儿对传统文化的深入了解（图5–2、图5–3）。

图5–2 走廊、楼梯及户外的“中国味”

图5-2　走廊、楼梯及户外的“中国味”（续）

图5-3　主题共享区域创设里的传统艺术

图5-3　主题共享区域创设里的传统艺术（续1）

图5-3 主题共享区域创设里的传统艺术（续2）

图5-3　主题共享区域创设里的传统艺术（续3）

（二）丰富中华优秀传统文化主题教育的内容（图5-4~图5-9）

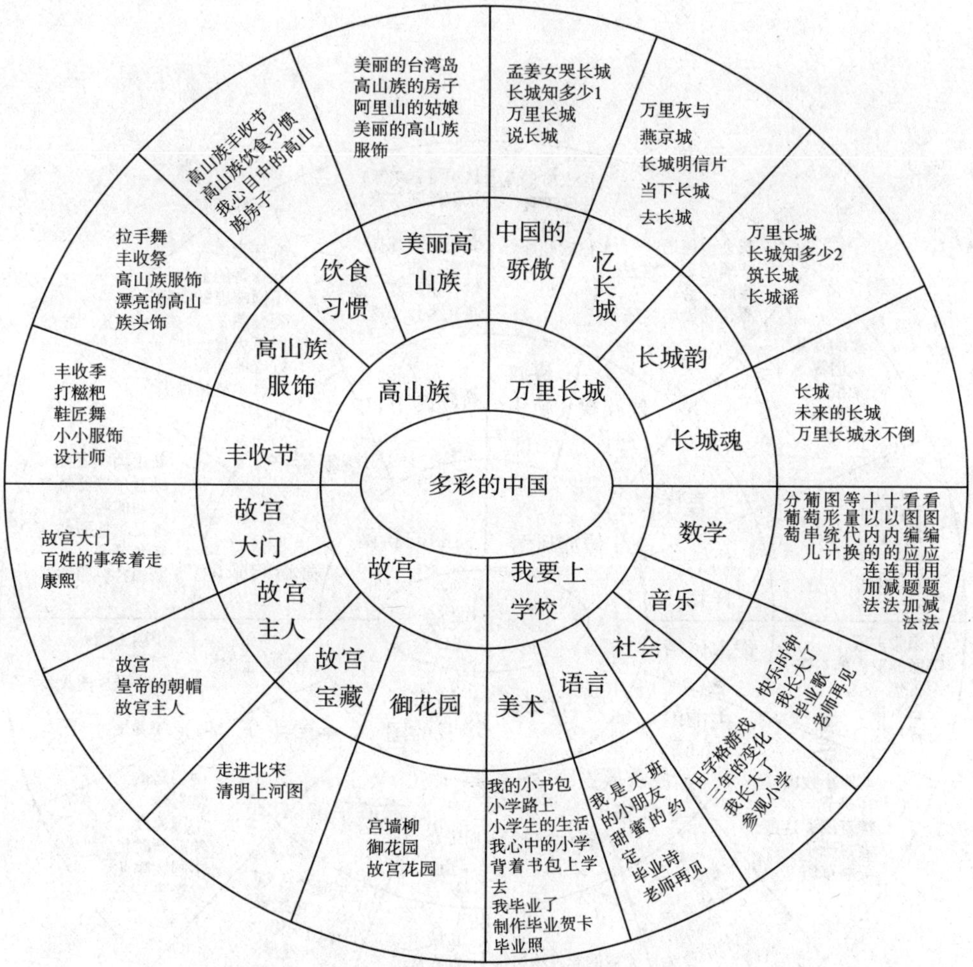

图5-4　大班级上学期传统文化教育主题网络图

图5–5　大班级下学期传统文化教育主题网络图

图5-6　中班级上学期传统文化教育主题网络图

图5-7　中班级下学期传统文化教育主题网络图

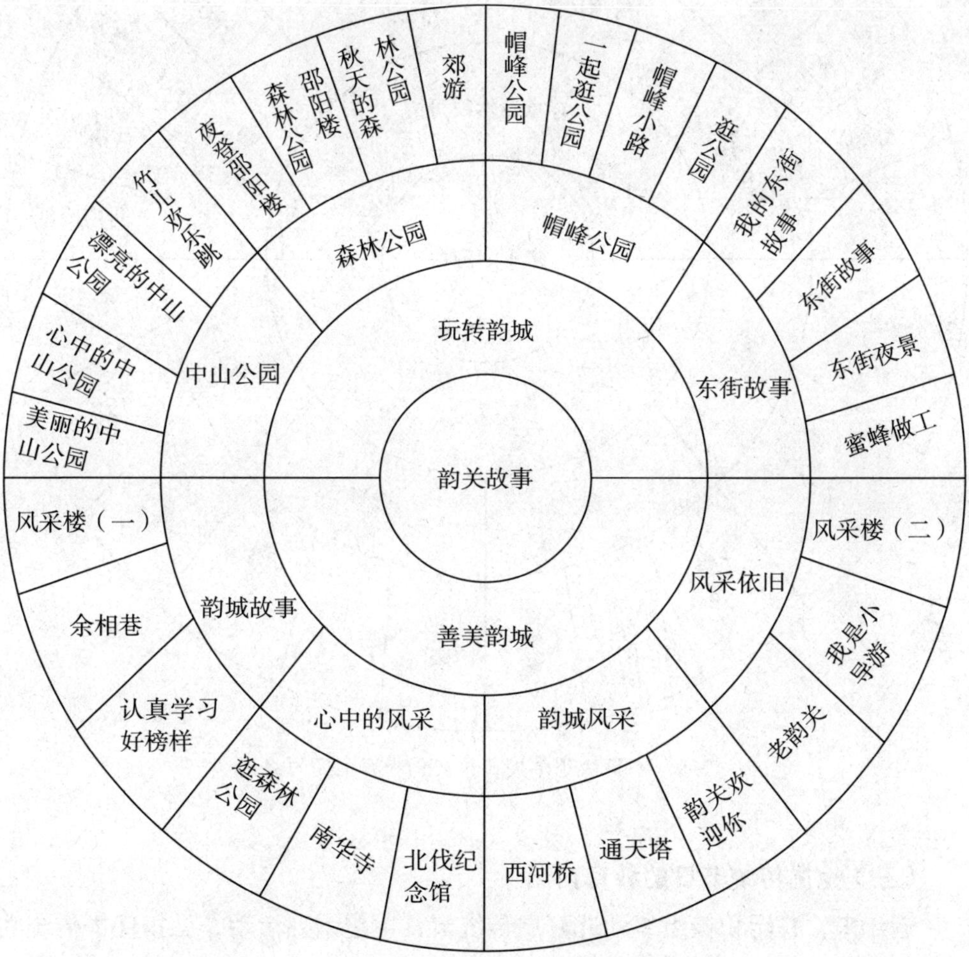

图5–8　小班级上学期传统文化教育主题网络图

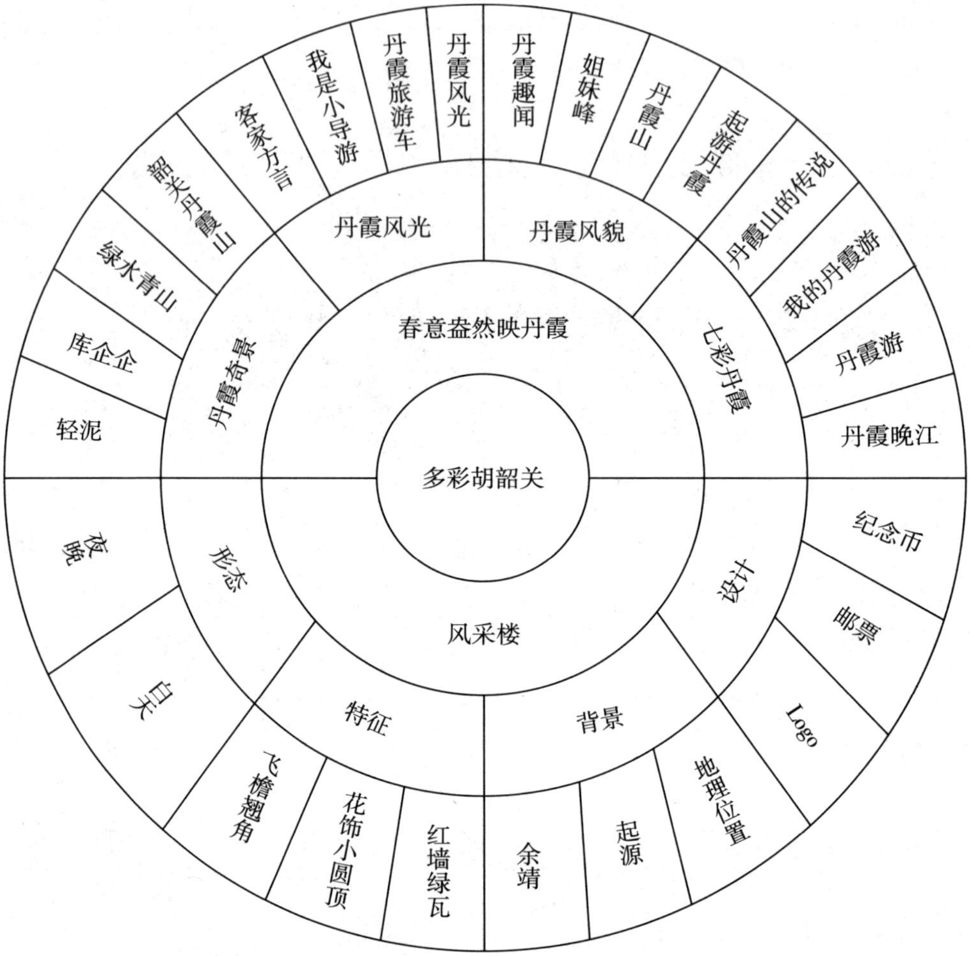

图5-9　小班级下学期传统文化教育主题网络图

（三）挖掘传统节日的教育内涵

近年来，我园积极组织幼儿开展传统节日主题系列活动，弘扬优秀传统文化，传承红色基因，科学策划活动内容，吸引幼儿参与到活动之中，让幼儿从中受到教育，让优秀传统文化得到发扬。

（1）将传统节日融入教育教学中。一是体现在园本课程中。教师以传统节日为中心进行主题活动内容设计，让幼儿能以较高的兴致积极地参与到以传统节日为主题的活动之中。幼儿通过学习传统节日的来历、传统节日的习俗、传统节日传递的民族文化及精神等相关知识，形成对传统节日的全面认知，再结合实际开展丰富多彩的节日庆祝活动，让幼儿在学习、探究、体验中受到熏陶和洗礼。二是体现在幼儿区域活动中。教师有目的地组织幼儿在区域活动中制作与传统节日有关的作品以及传统节日表演，如在手工区可以引入制作元宵灯笼、月饼、中国结、新年剪纸等作品，或者设计重阳节、春节、地球日、植树节、端午节等传统节日的节日标志，运用绘画设计和动手制作实物设计的方法，激活幼儿的创新思维，深化幼儿对传统节日的理解和认识。此外，还可以在角色表演区组织进行传统节日歌舞表演等活动，让幼儿对中华民族的优秀文化形成深层次的认知，感受到中华传统文化的博大精深。

（2）举行传统节日主题系列活动。结合我市创建全国文明城市的契机，认真组织好“我们的节日”庆祝活动。在幼儿认识节日、了解节日的由来和庆祝的意义、当地人庆祝节日的文风习俗等相关知识的基础上，组织幼儿进行实践活动，如春节舞狮表演、元宵做汤圆、端午节包粽子、中秋节做月饼等，为幼儿搭建学习、体验和探究的平台，满足幼儿的深度学习需要。例如，教师积极组织幼儿传唱和演绎经典节日故事，包括《年的传说》《屈原》《嫦娥奔月》等，让幼儿对传统文化有更深入的了解和掌握。

（3）开展形式多样的节日亲子活动。我园历来注重家长的活动参与度，积极开展各种形式的节日亲子活动，如亲子传统体育节、“经典咏流传”经典节目诵唱、亲子科艺节等。邀请家长共同参与到活动中来，不仅能使家长见证自己子女的成长，同时亦实现了家庭教育同幼儿园教育二者之间的有机结合。此外，我园还将以传统节日为主题的活动扩展至幼儿家中，如鼓励幼儿在除夕之夜同父母一起包饺子，使幼儿在这一过程之中意识到除夕对于家庭而言，意味着幸福、团圆，让幼儿对传统节日有了更深层的认识。

（4）发挥亲子教育的积极作用。亲子活动是家长参与幼儿园教育和管理的重要形式，是实现家园共育的重要途径。我园积极开展以传统文化为主线的一系列亲子活动，通过特征鲜明、内涵丰富的传统文化亲子活动，让幼儿和家长共同感受中华传统文化的博大精深，在弘扬优秀中华传统文化的同时促进亲子间的关系。

传统文化亲子活动主要以大型亲子活动、家长助教以及传统文化节日等形式展开。

一是开展以传统文化为主题的大型亲子体育节。我园每年都会组织趣味亲子体育节，在亲子体育节活动中运用大量的民间体育亲子游戏，如推小车、跳绳、跳房子、滚铁环等民间游戏，让幼儿与家长共同体会民间游戏的趣味性。我园还积极开展武术教育，以武强身健体，以武造就品德。我们邀请家长与幼儿一起参与到学习和训练当中，在中国武术展示过程中以朝气蓬勃的精神风貌以及中国武术的精、气、神、韵，同时帮助幼儿感知中华传统文化的魅力，培养爱国主义情怀。

二是坚持开展“经典咏流传”艺术节活动。每年“六一”儿童节前夕，全园师生、家长积极参与艺术节的节目编排、活动策划、节目排练等活动，共同演绎中华传统经典曲目。在活动中，幼儿和家长以独特的艺术表演形式，传承和发扬中华经典诗篇，如演经典《花木兰》《刘三姐的传说》《智取威虎山》，诵经典《长征》《渔歌子》等，在诵经典、唱经典、演经典的快乐中，诠释中华国学经典的艺术魅力和光辉灿烂的中华传统文化。亲子共同排练、互动不仅增进了彼此间的亲情，还使师生和家长亲身体验、感受到我国传统文化的魅力。

三是邀请家长与幼儿积极参与“聆听激活爱国情亲子阅读”打卡活动。邀请家长与幼儿共同进行传统文化绘本与故事阅读打卡，在亲子共同阅读后，发表阅读心得与体会；在促进幼儿养成良好阅读习惯的过程中进一步培养幼儿的民族自豪感和自信心。

四是将中国传统节日的元素融入亲子活动中，同时贯穿我园的教育教学活动。通过家长的参与和亲子之间的互动、体验、分享，让幼儿深度体验中华民族传统文化的魅力。例如，春节邀请家长与幼儿共同参与“写春联”、“贴春联”活动，元宵节开展亲子“包汤圆”、“包饺子”等活动，体验新年喜庆氛围；中秋节邀请家长与幼儿制作亲子手工灯笼，感受节日的团圆美好；重阳节邀请幼儿的长辈们到园，让幼儿以实际行动表达敬老孝老之情，等等。通过邀请家长参与到传统文化节日的教育中，让家长与幼儿亲身感受到祖国传统文化的底蕴与美好。

五是利用家长助教的契机，让家长参与到幼儿传统文化教育教学活动中，开展形式多样的传统文化助教活动。例如，邀请家长与班级幼儿分享具有浓厚民族特色的中国茶文化，领略感受茶艺的美好意境；利用家长自身的书法特长，给幼儿带来一节精彩美妙的书法教学活动，让幼儿感受中国书法的传统艺术魅力；还邀请家长向幼儿传授精美绝伦的中国剪纸文化，感受我国劳动人民无穷的智慧和艺术创造能力，唤起幼儿对民间剪纸艺术的热爱。通过一系列传统文化亲子活动，为家长和教师搭建一个互动交流、互相学习的平台，营造一个家园共同关心幼儿成长的良好氛围，在更好地促进幼儿全面发展的同时也让幼儿亲身感受到我国传统文化的美好。

（四）组织与实施

（1）制定实施方案。幼儿园课程实施是为了达到预期的课程目标和教育目的，通过各层次的教育教学计划，在一日活动中贯彻和实施课程目标，并发挥各类教育活动的有效功能，以达到最佳的效果。一个好的课程实施方案应该有一个好的实施计划，需要将这个静态的实施计划转化为动态的课程实践。

（2）设置实践路径。在实施过程中可通过幼儿的生活活动、游戏活动、教学活动、户外活动等实施路径来实现。

（3）建立科学的评价机制。在课程实践过程中，课程组成员建立科学的评价机制，组织教师大胆实践，认真观察和分析，深入地思考和反思，科学地评价，不断自我调整和自我更新，不断完善和优化课程，使课程更符合幼儿的年龄特点，满足幼儿的求知欲望，最大限度地激发幼儿的学习欲望和潜能，促进幼儿的全面发展。

第六章

幼儿园美术教育生活化的实践与研究①

《3–6岁儿童学习与发展指南》指出："每个幼儿心里都有一颗美的种子。幼儿艺术领域学习的关键在于充分创造条件和机会，在大自然和社会文化生活中萌发幼儿对美的感受和体验，丰富其想象力和创造力，引导幼儿学会用心灵去感受和发现美，用自己的方式去表现和创造美。"

南城尚城幼儿园尝试以幼儿的现实生活为背景，以幼儿的生活经验为基础，注重美术教育与生活的紧密结合，让幼儿审美情趣的形成过程回归生活。在实践过程中，我园主要对生活化美术教育的内容开发、环境创设、材料选择等内容开展了一系列的实践研究，真正体现了让幼儿感受生活、体验生活、表现生活的审美教育的真谛，同时，也提升了教师解读幼儿年龄特点、设计优质的美术活动等方面的能力，从而使幼儿园的整体教育质量得到了提升。

① 本章作者为广东省东莞市南城尚城幼儿园金成。

东莞市南城尚城幼儿园简介

东莞市南城尚城幼儿园创办于2010年6月，隶属广东立生知行教育集团，是东莞市一级幼儿园、东莞市优秀民办幼儿园。幼儿园占地面积4500平方米，现有教职工62人，共开设14个教学班，350名幼儿在园就读。尚城幼儿园提出“完整教育成就完美儿童”的办园理念，以“一切为了孩子的完整发展”为办园宗旨，培养儿童的全面发展。

办学十年以来，尚城幼儿园一直坚持规范办园、教研兴园、科研强园，强调环境对儿童成长的支持，重视环境与儿童之间的互动以及环境中的美感熏陶。课题“幼儿园的美术教育生活化的实践与研究”荣获广东省中小学创新成果二等奖、东莞市教育教学成果一等奖，幼儿园美术教育成果多次面向东莞市、广东省幼教同行开放。尚城幼儿园教师撰写的多篇论文在省、市获奖。

第一节　研究的概况

一、问题的提出

左脑革命、计算机革命之后的今天已进入右脑革命的新阶段，艺术教育受到前所未有的重视。《纲要》指出艺术教育是幼儿全面发展教育的一个有机组成部分，在幼儿教育改革中具有举足轻重的地位。

陶行知在生活教育理论中提到："在生活里找教育，为生活而教育。"教育即生活，生活是艺术的源泉。在教育史上，国外的卢梭、杜威，我国的陶行知、陈鹤琴等都非常注重生活的教育价值。杜威曾提出"教育即生活"，认为教育是一种生活的方式，是一种行动的方式。《纲要》中明确规定："教育活动内容既符合幼儿的现实需要，又有利于长远发展，既贴近幼儿的生活，选择幼儿感兴趣的事物或问题，又有助于拓展幼儿的经验和视野。"《纲要》提出幼儿园教育回归生活、课程生活化的理念。生活化的课程充分表明了生活活动对儿童教育的作用和意义。近年来，随着《纲要》的落实与推进，注重幼儿生活、回归幼儿生活更成为幼儿教育改革的热点，生活教育思想已成为幼儿教育的重要指导思想。

教育是在人的生活世界中进行的，任何教育都超不出生活世界的领域。同样，幼儿园美术教育也是渗透于幼儿生活世界之中的。艺术源于生活而又高于生活。高于生活是因为它提炼了生活中美好的东西，并融入了作者的思想感情，美术教育更是通过生活中那些直观、生动、具有美感形象的事物来进行的教育。罗丹曾说过："生活不是缺少美，而是缺少发现美的眼睛。"要培养孩子的想象力，就要让孩子尽可能多地亲近生活，到大自然和社会环境中去感受美、发现美，从而萌发创作欲望。2001年，国家教育部颁布的《幼儿园教育指导纲要（试行）》指出："艺术教育的目的是将浅层兴趣引申，并提高到有一定深度的动机水平上。”并强调：“要让幼儿用自己喜欢的方式进行艺术表现活动。”多年来，随着教改的不断深入，幼儿园美术教学的内容和形式渐趋生活化、多样化，而幼儿美术教育生活化便是其中有机的结合点。它强调以幼儿为主，突出幼儿在美术教育中的地位，有效地促进幼儿各方面发展。

美术不只是技术，美术教育应更加注重人文内涵。美术教育通过一定的技能训练，让学生掌握一定的造型手段和技巧，同时促进智力和各种潜在创造能力的提高发展。但这只是美育教育的一个方面，它真正的作用是培养和提高人们各方面的素质和修养。正如美国艺术教育家马丁·杰史逊在其《创造性》中所说：“一谈到艺术教育，我们总谈到技巧，我们不要忘记通过艺术，还要学习人类的博爱、感情、知识、公道等，这就是艺术教育，我们应当教艺术。艺术是一种预兆的语言，它把人类的未来展示给我们。艺术把我们与世界联系在一起。艺术也是钥匙，它能打开一个混沌世界以外的大门。”因此，美术教育作为一种素质教育，不但要让学生掌握一定的美术知识、技能和创造能力，更重要的是让学生接触大量的、丰富的世界优秀美术作品，从中提高自身对世界和人类的认知能力，继承人类的文明成果，而且还要全面提高学生的情感、人格等各方面的素质和修养，帮助他们树立正确的人生观与世界观。

美术教育的独特性在于不是采用抽象的说教，而是通过生动直观的事物、丰富多彩的颜色完成这一重要的教育使命，使幼儿逐步了解与接触、鉴赏与学习。美术教育对幼儿潜能的开发具有的积极作用为现代教育所公认。然而，目前大多数幼儿园的美术教育存在诸多误区，如过于强调学科中心，过于关注美术专业知识和技能；在一定程度上脱离幼儿的生活经验，难以激发幼儿的学习兴趣。把美术教育变成一个单向的技能传授与灌输过程。教师以美术教育的权威对幼儿进行强化练习，幼儿对这种灌输式与单一的美术活动往往会有不同程度的反感，有的幼儿还因此产生抵触情绪。确实我们在美术教育中着重于作品的完成，而忽略了幼儿在绘画过程中的情感体验；不能读懂幼儿的画，作品评价大而化之，影响幼儿创造性思维的发展。传统的美术教育过于关注美术专业的知识和技能，认为美术就是画一幅画，做一做手工制作，这在一定程度上脱离了幼儿的生活实际，严重影响了幼儿素质的和谐发展。

美术教育本来就是从生活中创造出来的，让美术与生活沟通起来，力争在美术教育中体现生活化的特征，使幼儿生活成为美术活动的生存点。基于此，我们反思传统的幼儿园美术教育，倡导现代幼儿教育新理念，提出了研究课题“幼儿园美术教育生活化的实践与研究”，尝试冲破狭隘的艺术教育观，把美术教育和促进幼儿多元发展紧紧联系在一起，以幼儿的现实生活为背景，以幼儿的生活经验为基础，以幼儿熟悉的人、事、物为内容，注重生活与美术教育的紧密结合，通过内容的生活化、环境的生活化、材料的生活化等活动，让幼儿的美术活动回归幼儿生活，回归真实世界，回归幼儿自我，从而发展幼儿表现美、创造美的能力，利用美术的多种表现形式，创造性地再现生活经验，激发幼儿的表达欲，培养幼儿乐观、开朗、大胆、自信的个性。

二、研究思路

本研究以我园已进行的幼儿美术教学生活化研究为出发点，通过文献分析了解专家或同行在本领域进行的研究和教学情况。在这些经验借鉴中，我园立足实践，结合幼儿园的场地空间、幼儿需要和教师教学特点，探索幼儿园美术教育生活化的活动模式。

三、研究的基本内容

本课题以马克思主义关于人的全面发展学说、“美的规律”塑造人的观点为指导，以皮亚杰认知发展理论和生活教育理念为突破口，运用多元智能理论、美术教育理论和幼儿园的活动教育理论，创造性地研究、开拓和建构初步的幼儿园美术教育生活化理论体系，探索美术教育生活化的活动模式。

（一）有关概念的分析与界定

（1）美术教育。美术教育家尹少淳根据我国美术教育的特点和实际情况，提出了综合目的论的观点。他把美术教育分为美术取向的美术教育和教育取向的美术教育，认为完整的美术教育表述是：以教育为手段，向学生传授一定的美术知识和技能，发展和传播美术文化；以美术为媒介，通过美术教学，培养学生的道德情操和审美能力，发展智力和创造性，获取一般教育学意义之功效。

（2）生活化。“生活”是指人的各种日常活动或指人的生存、活着，它包括物质生活和精神生活。“化”是指转变为某种性质的活动状态。本课题将“生活化”界定为将幼儿从固定在幼儿园内外的各种活动中解放出来，给幼儿提供感受自然社会、事实事件、人物、过程的机会，让幼儿在与现实生活的融合、交流中产生对生活的爱，从而自发地、主动地去探索周围世界。

（3）幼儿园美术教育生活化。以幼儿的发展本位构建美术课程，其内容的选择尊重幼儿的生活经验与现实的体验，课程的组织与实施要尊重幼儿的自主表现，尊重幼儿个性化的创造。其根本的特征就是以幼儿的能力、兴趣、需要及生活为中心，以美术表现为基本手段，以幼儿的全面发展为目标，在幼儿美术教育中体现生活化的特征，实现生活化的价值。

（二）开发生活化的美术教育内容

在了解幼儿生活经验的基础上，开发与幼儿生活经验紧密相关的生活化的美术教育内容，形成具有本园特色的美术教育课程内容体系。

（三）提炼实施美术教育生活化的策略

（1）美术教育活动环境生活化。

（2）美术教育活动材料生活化。

（3）美术教育活动形式生活化。

（4）挖掘家园合作多方资源，把美术教育生活化外延到社会中。

第二节　生活化的美术教育目标及内容

一、遵循幼儿年龄特点，制定生活化的美术教育目标

（1）能初步感受并喜爱环境、生活和美术中的美。

（2）喜欢参加美术活动，并能大胆地表现自己的情感和体验，促进表现力、思考力和判断力的发展。

（3）能用自己喜欢的方式进行美术表现活动，形成良好的活动态度。

以上三方面是美术教育生活化课程目标构建的总目标，也是指引课程实施的路标。另外需要着重指出的是，美术教育生活化的目标不都是预定的，在课程实施的过程中，在师幼互动中，在幼儿群体内部的互动中，在幼儿与材料、

环境的互动中，可以不断地生成目标。这样可以使课程真正体现美术教育生活化的内涵。

二、立足幼儿生活经验，选择生活化的美术教育内容

陶行知主张“生活即教育”，提倡“教育以生活为中心”，也就是说要以儿童的生活开展儿童教育。《纲要》中指出：“教育活动内容既符合幼儿的现实需要，又有利于长远发展；既贴近幼儿的生活，选择幼儿感兴趣的事物或问题，又有助于拓展幼儿的经验和视野。”可见，《纲要》充分强调了生活对幼儿教育的重要意义。德国心理学家、艺术家阿恩海姆认为“儿童所画就是他们生活中所见、所想的”，也就是说，儿童表现的就是他们以往所经历过的、有深刻内心体验的事物。事实上，直接感受过的教学内容才较容易被儿童同化到他们的审美心理结构当中。

借鉴以上观点，我园美术教育生活化的目的是从幼儿的生活经验为切入口，构建美术教育内容，让美术教育回归幼儿的生活，让幼儿在生活中感知美、创造美。因此，在研究的过程中，我们各教研组根据幼儿的年龄特点进行了不同内容的研究。小班教研组以“小班幼儿美术活动环境生活化”为工作重心，注重活动内容来源与幼儿的生活、活动材料取材与生活、活动环境与自然融合。中班教研组以主题活动为载体，以幼儿为中心，以生活经验为基础，挖掘有价值的美术教育因素，开发各种不同的生活化美术活动内容。大班教研组以在实践中探索“大班幼儿生活化美术教育途径”来开展教育教学研究，在正规性、渗透性、自主性的幼儿美术教育活动中体验生活化的真正含义。

1. 关注生活经验，生成生活化美术教育活动内容

幼儿的生活是活动内容的源泉，蕴含着很大的教育价值，因此常会成为教师开发美术活动内容的主要来源，于是，我们尝试从以下五方面生成幼儿美术教育活动内容：一是以幼儿身边的人和事为内容；二是以幼儿近阶段主题活动的探索热点为内容；三是以幼儿喜欢的动画片或故事角色为内容；四是以幼儿熟悉的社会热点（如奥运会、旅游节等）为内容；五是以幼儿身边熟悉的生活环境为内容。生成的内容往往更多体现个性化的需求，我们应针对不同幼儿的需要，及时提供帮助，创设良好的心理和物质环境，关注、支持、引发幼儿的主动探索和大胆表现，满足幼儿自主活动、自发学习的需要，促进幼儿个性化

发展。

2. 结合主题活动，开发生活化美术教育活动内容

随着整合教育理念的深入，主题活动已经渗透于我园的教育活动之中。在课题研究中，我们尝试将生活化美术教育与幼儿探索型主题活动相结合，充分开发和挖掘生活中的美术教育资源，组织了丰富多彩的实践性美术教育活动，如“美丽的东莞”、“我眼中的春天”、“可爱的小动物”等活动。在主题活动中，无论是生成的美术活动还是教师预设的美术活动，其共同点都是源于孩子的生活，重在让孩子亲身去感受生活，最大限度地给予孩子体验和感知美的机会，自主地运用美术的手段进行表现、表达，使孩子把自身对美的体验和真实情感倾注在艺术创作之中，从中体味现实生活的美好。

3. 着眼和谐发展，挖掘生活化美术教育活动内容

国内外的许多研究表明孩子的美术表现能力与其生理、心理发展有着密切联系。对学龄前儿童而言，美术教育除了应顺应儿童发展以外，还应具有将儿童发展纳入社会对美术教育赋予的价值的轨迹，有效地促进儿童的和谐发展。教师应以促进幼儿发展为宗旨，有目的、有计划地挖掘相应的生活化美术教育活动内容，使儿童不仅在现实生活的层面上，而且在对美的追求的层面上，逐渐感受真善美，在对可见、可触的外观的把握中去追求秩序、追求形式美，从而引起情感律动，使儿童得到美的享受，使其情趣得到陶冶，最终获得全面的、和谐的发展。

第三节　创设生活化的美术教育环境

瑞士心理学家皮亚杰认为，人的潜力行为就是适应能力，环境是儿童发展最重要的因素之一。《纲要》中明确指出“环境是重要的教育资源，应通过环境的创设和利用，有效地促进幼儿的发展”。可见，幼儿的健康成长离不开遗传、环境和教育的相互作用，其中环境在幼儿的发展中发挥着重要的教育作用。我市风景秀丽、物产丰富，孕育着丰厚的人文、自然资源。如何利用生态的眼光，将这些自然生活资源带进幼儿园的环境创设之中，并使之成为幼儿美术教育中不可或缺的素材呢？基于此，我园开始大力倡导：幼儿园环境创设应以幼儿周围生活中的资源为主要材料，并强调与美术教学活动有效整合，使美术教育回归幼儿真实、鲜活、丰富的生活，从而为幼儿的发展创设良好的环境，使其顺应幼儿成长的规律，保持幼儿学习的积极性。于是，我们课题组确立了“统观全局，向内挖掘”的园所环境创设策略，并成立了环境策划小组，对园所环境进行跟踪式的全方位分析、定位，因地制宜地制定出切实可行的环境创设方案。

自课题实施以来，我园对现有的园舍、设备进行了重新规划。承担课题的班级从幼儿的发展需要和特点出发，营造积极、丰富的民间艺术环境。活动室内因地制宜地开设各个艺术活动区角，并充分利用幼儿园走廊、楼梯间、转角等空间位置创设浓郁的艺术氛围；根据主题定期布置，开设各种艺术廊，为幼儿提供充分的欣赏、操作的领地，使幼儿自觉、不自觉地感受艺术的熏陶；开发和利用环境因素对幼儿成长、发展的巨大教育潜力。

一、设计尊重幼儿的园所环境

自然有一种天生的亲近感，幼儿对自然的东西深感兴趣。我园以“顺导其志趣，调理其性情”为理念，为幼儿建造精美的充满自然情趣的院落景观，以激发幼儿主动参与活动的兴趣。例如，在户外，我们为幼儿设计的攀爬墙、小水塘及独木桥、假山、风车、水车、树荫下的树墩、木凳等自然景观，孩子们非常喜欢。只要气候条件允许，孩子们赤着脚玩沙、玩水、走平衡、捞石子、摇水车，乐此不疲。自然风貌的活动场地和器械顺应孩子们玩的天性，在其乐融融的活动中，他们的身体动作得到了自由自在的舒展，内在的欢乐得到了尽情的表现。

在幼儿园的整体环境创设中，我们有意识地选择不同风格的装饰画悬挂在各个楼层，定期选择幼儿作品张贴在楼梯处的展示栏中，将有关美术的欣赏和表现自然融合于幼儿园整体环境中，渗透于幼儿的日常生活之中。我们注重引导幼儿观察和发现生活中的美好事物，以美术的手段进行表现，并有意识地进行强化，帮助幼儿进行内化，让每位幼儿体验到成功的快乐。

二、布置自然生态的细节环境

在创设环境中，我们崇尚返璞归真、回归自然。室外，一草一木会说话，小鸟会唱歌，树叶会跳舞。在大自然中，春有花，夏有阴，秋有果，冬有青。有了这些，才会有蝴蝶纷飞、蜗牛出壳、蝉声跌宕、鸟雀齐鸣，才会有初春的新绿、莲池的芬芳、落叶的金黄、桂花的飘香……这其中蕴含了色彩、线条、远近、疏密、动静等不同的美的元素，而我们想要让幼儿感受和发现的不正是变幻与灵动的自然之美吗？幼儿的纯真与自然的平静、坦然融为一体，这就是生态之美。步入走廊、楼梯、拐角和活动室内外，原生态的自然角、木梯等都在幼儿的巧手下成了打扮幼儿园优美环境的最佳材料。室内，我们也将大自然中蕴藏的自然材料引入园内，在我们的活动室里也处处是真实、自然的装饰。在那里，幼儿养护着花草鱼虫，他们不但会小心呵护，还会细心观察。幼儿用教师提供的各种药瓶、酒瓶、饮料瓶做花瓶学习插花，并把它们摆放在餐桌、窗台上作为装饰。在艺术区，幼儿可以随时绘画和写生，制作各种装饰品，并在衣服、陶器、图书中发现各种美的图案和造型。

例如，幼儿园中厅的角落开学初是一个冷角，毫无生气可言。我们在开展主题教学“春天来了”时，打造了一个生态环境，用树枝搭成一棵树，有花、小鸟、蝴蝶、蚂蚁等小动物，有的在飞，有的在采蜜，有的在树上爬，并在该区域放一台播放着雅尼经典钢琴曲的音响和几把舒适的藤条椅子。更为有创意的是教师用园林工人定期剪下的榕树气根来制作蝴蝶的“茧”，一个个稚拙的“茧”仿佛要破茧而出享受春天气息。这个充满盎然生机的场景引来了家长和孩子们的驻足观赏。

三、创设自主游戏的区角环境

《纲要》提出，教育应该给孩子提供一个有利于其身心发展，适合其兴趣、认知水平，可供他们自由选择的宽松的环境。在幼儿创造性制作活动中正式与非正式活动是相互影响和相互支持的。我们将美术活动大面积地扩展到班级各区角活动之中，如开设有剪纸坊、布艺DIY、折纸坊、环保创作坊、鲁班工作坊、陶艺吧、沙画坊、染料坊、烘焙坊等以班级为特色美术作坊。班级区角的特色分明，还设立了两大板块展示孩子每周创作的作品和亲子作品，为孩子和家长的创意提供了展示的舞台。班级的艺术氛围十分浓郁，内容富有创意，风格统一，整体和谐，满足了幼儿的审美需求。班级间通过“走亲戚”开展区角教学活动，对民间手工剪纸艺人、小裁缝、木匠和烘焙师等角色进行游戏的体验，丰富的体验为幼儿日后表现和创作提供了“厚积薄发”的能量。将班级有限的资源实现全园共享，在人力、物力、财力方面节约了成本；“走亲戚”打破了班级之间的隔阂，创设了混龄教学的新局面，促进班级之间情感的交流。将区角自主创作出的作品展示在环境中，既丰富了环境，又能树立幼儿的自信心，让幼儿形成自主思考、探索、学习的优秀品质。

四、开辟充满创想的美术工作室

我园把“美术创想工作室”定位为以生活中一切美的元素为载体，以多种美术创造的方法将其重组、美化等，赋予其新的内涵，体现一种创意美，使美术真正地源于生活，回归于生活。这里不仅仅是给孩子提供一个场所，更多是给孩子提供一个表现美、发现美、探索美、实践美的艺术空间。美术创想工作室提供了丰富多样的美术创作材料，并根据空间大小划分为创意色彩区、巧手美工区、自由绘画区等，营造了有序的学习空间，让孩子们在这种特殊的美术环境中自由地想象，大胆地表达，不断收获美的感受和体验。在创意色彩区中，孩子们利用废纸箱、瓶子、涂鸦墙等，随心所欲地涂画，在大片的色彩碰撞中，感受色彩的神奇和魅力；在自由绘画区，孩子们展开想象的翅膀，用画笔描绘着心中的梦想，畅想未来的绚烂，一幅幅作品栩栩如生；巧手美工区则是变废为宝的创意天堂：孩子们在废旧的各种瓶子上用水粉颜色进行精心装扮，赋予其崭新的生命色彩；废旧的挂历纸，通过卷、折、粘贴组合成一件件艺术作品……在这里，孩子们可以自由地表达和创造；在这里，处处洋溢着浓浓的艺术气息和欢乐；在这里，没有失败，只有成功。

五、挖掘生活化的美术教育材料

材料作为美术教育的重要工具，是幼儿学习、创造的中介与桥梁，而运用特殊的材料会使幼儿产生更浓烈的创作兴趣。《纲要》指出：“指导幼儿利用身边的物品或废旧材料制作玩具、手工艺品等来美化自己的生活或开展其他活动。”四季轮回、百鸟争鸣、鲜花美艳、千姿百态的自然材料、随处可见的瓶瓶罐罐、包装纸盒、画布毛线、金属光碟等废旧用品以及周围生活中的文化广场、博物馆等，都是幼儿美术教育的有效资源。因此，我们以“时时处处有美术工具、美术材料，时时处处有可创作之地”的思想，从日常生活中、工作中、劳动中去寻找、去发现、去收集、去运用、去整理符合幼儿年龄特点的、幼儿感兴趣的美术工具和材料，从而激发幼儿的绘画欲望、参与积极性，拓展幼儿的思维，培养幼儿的创新能力，使幼儿萌发积极情感，为幼儿的可持续发展做好铺垫。

首先，我们与幼儿一起走进大自然，一起收集各种天然的素材。大自然是一个丰富多彩的物质世界。它为幼儿的艺术创作提供了天然的素材，如果壳、蛋壳、树叶、种子、石块等，这些随手可得的材料提供令幼儿既熟悉又新奇。它们贴近幼儿的生活，易于唤起幼儿的创作热情与创作欲望。其次，我们与孩子们一起寻求生活中的材料，如日常生活中随处可见的废旧物品，包括报纸、包装盒、瓶子、小木棍、易拉罐、筛子、砖瓦等，用心发现，精心设计，这些也是美术教育的奇特资源。这些生活中随意丢弃的废旧物品在幼儿的小手摆弄下皆成了爱不释手的玩具，成了熠熠生辉的艺术品：“叮铃铛啷”风中摇曳的五彩风铃是大班孩子用废旧的果冻壳、小勺、瓶盖等材料创作的；憨态可掬的瓶娃娃是中班孩子用各种各样的瓶子、毛线、广告纸装饰而成的；稚趣可爱的小动物是小班孩子用蛋糕盘与纸团粘贴、拓印的；黑白分明、形态各异的恐龙打战、孔雀公主、飞鸟蝴蝶等是孩子们用废旧钥匙拓印添画的佳品……再次，为了拓展美术活动材料、工具的多样性，我们充分调动了各方资源，如教师、家长、幼儿，群策群力，深入挖掘，尝试各种生活化的工具、材料。生活化美术材料、工具的运用研究，不但拓展了幼儿美术活动的途径，而且激起了幼儿对美术活动的兴趣，同时又使幼儿的艺术视野更宽广。最后，我们总结出了源于生活的美术材料、工具具有以下四个显著特点：①它符合幼儿的生活经验，满足了幼儿的好奇心理。②材料、工具多样化，操作方法多样化，符合幼儿好动的特点。③自然成形、图案美丽的特点给幼儿以美感。④符合幼儿的生理特点，使幼儿容易获得成功感。

附：

尚城幼儿园2015年秋季环境创设活动方案

《纲要》明确提出："环境是重要的教育资源，应通过环境的创设和利用，有效促进幼儿的发展。"儿童心理学及脑科学有关研究表明：幼儿是有能力的、主动的学习者，他们能够在与环境的互动中获得各方面的发展。环境作为幼儿园的潜在课程，不仅能激发幼儿思考，而且能引导规范幼儿的行为与活动，提高幼儿对生活的认识与理解能力。所以我园五年以来不断的挖掘美术教育特色，并在2012年10月申报了"十二五"课题"幼儿园美术教育生活化的实践与研究"，在此期间不断提高教师、幼儿、家长和环境四者间的互动频率，从而提升我园的美术教育水平，打造我园美术教育特色。

（1）实施时间：2015年10月8日。

（2）完成时间：2015年12月25日。

（3）活动地点：幼儿园内。

（4）参加人员：全园师生。

（5）活动目标：①通过用生活化的材料美化幼儿园环境，让幼儿懂得废旧利用，提高幼儿环保意识。②在环境创设的过程中，提高幼儿参与环境创设的意识。③让幼儿受到美的熏陶，真正使幼儿感受到幼儿园是文明的校园、生活的校园、孩子的乐园。

（6）活动准备：①收集美术生活化资料。②收集生活化材料：废旧轮胎、自行车、高跟鞋、PVC水管、白色衣服、奶粉罐、纸盒、碎布、纽扣、光盘、油桶、洗衣液瓶子、水果网、吸管、毛线、筷子、羽毛、贝壳、树枝、树叶、石头等。③美术材料：白纸、海绵纸、彩色卡纸、宣纸、丙烯颜料或水粉、油性笔、KT板、彩泥等。④划分区域，提前做好人员安排。⑤各班级准备幼儿的作品。

（7）成立美术组。

组长：金成。

副组长：周华德、李琴。

组员：曾金群、詹明浪、向超、谢慧莲及各班班主任。

（8）具体区域环创布置方案（表6-1~表6-3）。

表6-1　一楼区域环创布置方案（分3个区域）

区域	项目	设计意图	材料收集
A区1号楼道墙面	三幅竹块拼贴画	用竹块拼贴成作品，再用画框装裱	竹块、KT板、画框
	瓶子人偶	将瓶子用各种不同的碎布装饰成各种人偶	瓶子、碎布、纽扣
A区1号楼1~3楼楼道墙面	各种乐器画	将各种乐器画用木框装裱	乐器画、木框
B区柱子展览	布艺、餐具作品	布艺作品画5幅，用餐具拼成动物作品3幅	布艺作品、餐具、画框
B区柱子中间展览	水管彩绘	8根长短不一的油画水管	水管
B区绘本馆左侧门	油桶线描画	油桶涂成白色，让幼儿在上面画线描画，再把油桶交错叠高	油桶、记号笔、油漆
B区绘本馆走廊	圣诞树	KT板切成三角形，将各种颜色的色纸剪成长条形贴在KT板上做成圣诞树	KT板、色纸
B区中厅玻璃门作品	主题：动物王国	各种大小不同的盒子彩绘做成动物。 用树藤编成鸟窝。 用树枝、蝴蝶做装饰	盒子、树枝、树藤、蝴蝶、颜料
B区吊饰	植物吊篮、木块风铃	幼儿手工吊饰、植物吊篮	木块、光盘
B区墙饰	尚城人 尚城事	幼儿园历届大型活动、亲子活动、社区活动、教师外出学习、教师工会活动的照片喷绘做成展板	照片
	想象粘贴画	用豆子、米和各种废旧布、笔、笔盖、纸杯等做想象粘贴画	废旧布、笔、笔盖、纸杯、豆子、米
C区吊饰	布艺珠子吊饰	将废旧纸板切成正方形，用布包起来，下面再吊7串珠子	有特色的布、纸板、珠子、麻绳

续 表

<table>
<tr><th colspan="2">区域</th><th>项目</th><th>设计意图</th><th>材料收集</th></tr>
<tr><td colspan="2">B区走廊教职工风采墙</td><td colspan="3">班级教师的照片、教师个人简介、座右铭</td></tr>
<tr><td colspan="2">B区走廊理念墙</td><td>理念墙</td><td>幼儿园的理念喷绘</td><td>理念喷绘</td></tr>
<tr><td colspan="2">B区1~2楼楼梯墙</td><td>绘本系列连环画</td><td>请幼儿根据绘本画面和内容，在灯布上作画</td><td>木架、灯布</td></tr>
<tr><td colspan="2">B区的左右楼梯的柱子</td><td>幼儿粘贴类手工作品展</td><td>贝壳画4幅</td><td>小贝壳</td></tr>
<tr><td colspan="2" rowspan="2">B区楼梯处</td><td>木块创意作品</td><td>幼儿在木块上画线、描画，再将幼儿的作品创意拼搭</td><td>长方形的木块、油性笔</td></tr>
<tr><td>废物DIY</td><td>用各种废旧的彩笔、油性笔、胶水瓶子制作车辆、坦克或房子</td><td>废旧彩笔、油性笔、胶水瓶子</td></tr>
<tr><td colspan="2">C区K2B门口展柜</td><td>贝壳彩绘</td><td>在贝壳上进行彩绘，再做成立体展示</td><td>大贝壳、颜料</td></tr>
<tr><td colspan="2">C区K2A门口展柜</td><td>瓶子彩绘</td><td>在大小不同的瓶子上进行彩绘，有层次地进行摆放</td><td>瓶子、颜料</td></tr>
<tr><td colspan="2">C区K2A门口走廊</td><td>植物观察区</td><td>各种植物盆栽</td><td>盆栽</td></tr>
<tr><td colspan="2">C区K1A门口楼梯处</td><td>托马斯小火车</td><td>用大油桶做成托马斯小火车，用干树枝做成许愿树</td><td>大油桶、树枝</td></tr>
<tr><td rowspan="4">C区K1A</td><td>教室门口手工作品展板</td><td>碎布拼贴画</td><td>用碎布、珠子、纽扣等做拼贴画</td><td>碎布、珠子、纽扣</td></tr>
<tr><td>绘画作品展</td><td>蔬果拓印画</td><td>用蔬果在白纸上进行拓印，再将作品进行装饰</td><td>蔬果、颜料</td></tr>
<tr><td>手工作品展</td><td>鸡妈妈和小鸡</td><td>用不同颜色的海棉纸制作鸡妈妈和小鸡</td><td>海棉纸</td></tr>
<tr><td>特色作品展</td><td>手掌拓印画</td><td>用手指蘸不同的颜色在白棉布上拓印，并将拓印画进行装饰</td><td>白棉布、颜料</td></tr>
</table>

续 表

区域		项目	设计意图	材料收集
C区 K2A	教室门口手工作品展板	撕纸画	利用各种废旧广告纸做成撕纸画	广告纸、胶水
	手工作品展	蛋壳粘贴画	打印各种动物简笔画，再用蛋壳粘贴成画，将作品进行装饰	蛋壳、白乳胶
		面具彩绘	彩绘面具，再做成立体展示	面具、颜料
	特色作品展	豆豆创意展	用指甲油彩绘毛豆，再粘贴到白色KT板上	毛豆、指甲油、KT板
C区 K2B	教室门口手工作品展板	泡沫拼贴画	将各种颜色的泡沫拼贴成画	泡沫、纽扣
	绘画作品展	刮画	用刮画纸请幼儿进行刮画	刮画纸
	手工作品展	盒子DIY	将各种废旧的盒子做成车子或房子	废旧的盒子
	特色作品展	树枝创意画	将树枝拼贴在KT板上，再用贝壳、小石头、毛球装饰成画	树枝、贝壳、小石头、KT板、毛球

表6–2　二楼区域环创布置方案（分3个区域）

区域	项目	设计意图	材料收集
A区楼梯拐角处楼梯墙	3幅竹块拼贴画	用竹块拼贴成作品，再用画框装裱	竹块、KT板、画框
A区楼梯拐角处楼梯展柜	瓶子人偶	将瓶子用各种不同的碎布装饰成各种人偶	瓶子、碎布、纽扣
A区楼梯走廊柱子	6幅羽毛画作品	用颜料在灯布上画成山水画，用羽毛装饰成房子，并用画框装裱	羽毛、灯布
A区K3B后门	植物观察区	各种植物盆栽	盆栽
A区K3C后门展板	亲子活动照片	将亲子活动照片用画框装裱	照片
A区K3C前门墙壁	动物3D画	喷绘动物3D画	3D画

续 表

区域		项目	设计意图	材料收集
A区K3B门口大玻璃		木板线条画	用水彩笔在长方形木板上面做画，再将木板一块一块串起来做成挂饰	木板、水彩笔
A区走廊栅栏		植物吊栏	将植物吊栏挂在栅栏上	植物吊栏
A、B、C区吊饰		东巴	在PVC水管上涂色、作画，两头用麻绳装饰，下面一头再吊几串珠子	PVC水管、麻绳、珠子、颜料
A区1号楼道墙面		3幅欣赏类作品	将3幅欣赏类作品用玻璃画框装饰	作品3幅
		泥工面具	用泥做成面具，再用木框装饰	泥、木框
		泥工杯子	用泥做成各种不同的杯子	泥
A区K3A	教室门口手工作品展板	纸板鸡	用纸板做成鸡的身体，再用彩色羽毛进行装饰	纸板、羽毛
	绘画作品展	光碟大变身	将废旧光碟粘贴在白纸上，请幼儿进行想象将其添加成线描画，再用废旧彩笔进行装饰	废旧光碟、彩笔
	手工作品展	布艺纸盘画	用各种碎布在纸盘上拼贴成各种图案	碎布、纸盘
	特色作品展	木板房	将木板房子涂成白色，用油性笔在上面作画	木板房、颜料
A区K3B	教室门口手工作品展板	刷子的艺术	用碎布将废旧刷子装饰成人偶	废旧刷子、碎布
	绘画作品展	拓印画	用各种大小不同的瓶盖进行拓印，再将画进行装饰	瓶盖、颜料
	手工作品展	树枝创意作品	用丙稀将树枝涂色，用皱纹纸做花，用海绵纸做树叶装饰树枝	树枝、丙稀、皱纹纸、海绵纸

续 表

区域		项目	设计意图	材料收集
A区K3B	特色作品展	溜溜王国	在白纸的一边贴上一排吸管，在吸管上刷颜料，让颜料从吸管上流下来慢慢融化到白纸上，等颜料干了后再进行装饰	白纸、吸管、颜料
A区K3C	教室门口手工作品展板	牙签粘贴画	用牙签在黑色KT板上拼贴成各种图案	牙签、KT板
	绘画作品展	可爱的毛毛虫	用蛋壳做成毛毛虫并涂上颜色将其贴在白纸上	蛋壳、颜料
	手工作品展	圣诞树	用卡纸做成立体的圣诞树	卡纸
	特色作品展	昆虫乐园	用白纸折成各种昆虫并涂上颜色，再做一些树枝和树叶装饰	白纸、树枝、树叶
B区楼梯左拐角处楼梯展柜		树枝人偶	用各种不同的树枝做成人偶	树枝、胶枪
B区1~3楼楼梯左墙壁		各民族服饰展	喷绘各民族服饰展板，再用木框装裱	各民族服饰画
B区楼梯左拐角处大墙壁		马赛克作品	在大KT板上画好简笔画，用小块的KT板粘贴成画，再用颜料涂色	KT板、颜料
B区K3A门口大玻璃		胶片线条画	用记号笔在长方形胶片上面作画，再将胶片一块一块串起来做成挂饰	胶片、记号笔
B区楼梯左大玻璃旁		篮球彩绘	在废旧篮球和PVC水管上进行彩绘，再将篮球和PVC水管固定在木板上	废旧篮球、PVC水管、颜料、木板
B区美术室门展板		幼儿特色美术作品展	用比较有特色的幼儿作品装饰做展板，KT板做背景	幼儿作品、KT板
B区K3A后门墙		纸板叠叠乐	将废旧的纸板切成正方形，让幼儿在上面作画，再将3块正方形纸板拼成三角形挨个往上叠	废旧的纸板、水彩笔

续 表

<table>
<tr><th colspan="2">区域</th><th>项目</th><th>设计意图</th><th>材料收集</th></tr>
<tr><td colspan="2">B区K3A后门展板</td><td>农家乐</td><td>将稻草、簸箕、玉米串、辣椒串和大蒜串搭配成作品</td><td>稻草、簸箕、玉米串、辣椒串、大蒜串</td></tr>
<tr><td colspan="2">B区走廊栅栏</td><td>植物吊篮</td><td>将植物吊篮挂在栅栏上</td><td>植物吊篮</td></tr>
<tr><td colspan="2">B区舞蹈室门口墙壁</td><td>盒子叠叠乐</td><td>将废旧的盒子用红、蓝两色作线描画，再将盒子一个接一个叠高</td><td>废旧盒子、颜料</td></tr>
<tr><td colspan="2">B区楼梯右拐角处楼梯展柜</td><td>人偶艺术品</td><td>人偶艺术品摆放在展柜上</td><td>人偶艺术品</td></tr>
<tr><td colspan="2">B区2~3楼楼梯右墙壁</td><td>刮画</td><td>用刮画纸请幼儿进行刮画，再用木框进行装裱</td><td>刮画纸、木框</td></tr>
<tr><td colspan="2">B区楼梯右柱子</td><td>石头树枝拼贴画</td><td>用石头和树枝拼贴成画，再用木框进行装裱</td><td>石头、树枝、木框</td></tr>
<tr><td colspan="2">B区2~3楼楼梯右墙壁</td><td>刮画</td><td>请幼儿在刮画纸上刮画，再用画框进行装裱</td><td>刮画纸、画框</td></tr>
<tr><td colspan="2">C区K4B门口展柜</td><td>动物偶</td><td>用瓦楞纸一层一层卷起来做成动物偶</td><td>瓦楞纸</td></tr>
<tr><td colspan="2">C区楼梯拐角处柱子</td><td>水管创意展</td><td>用油性笔和颜料在水管上作画，再将水管创意地拼接起来围绕着柱子展出</td><td>PVC水管、颜料、油性笔</td></tr>
<tr><td colspan="2">C区走廊柱子</td><td>易拉罐铝皮画、硬币画、可乐瓶盖作品</td><td>用易拉罐铝皮、硬币、可乐瓶盖拼贴成作品</td><td>铝罐、硬币、可乐瓶盖</td></tr>
<tr><td colspan="2">C区K2C门口展柜</td><td>葫芦手工艺展</td><td>用油性笔在葫芦上作画并涂色</td><td>葫芦</td></tr>
<tr><td colspan="2">C区走廊栅栏</td><td>植物吊篮</td><td>将植物吊篮挂在栅栏上</td><td>植物吊篮</td></tr>
<tr><td rowspan="3">C区
K2C</td><td>教室门口手工作品展板</td><td>彩泥DIY</td><td>请幼儿用彩泥在纸盘上捏出各种造型</td><td>彩泥、纸盘</td></tr>
<tr><td>绘画作品展</td><td>手指点画</td><td>让幼儿用手指在宣纸上点画，干了之后用过胶纸过塑再装在木框内</td><td>宣纸、木框</td></tr>
<tr><td>手工作品展</td><td>吸管拼贴画</td><td>请幼儿用吸管在红色KT板上做拼贴画</td><td>吸管、KT板</td></tr>
</table>

续 表

区域		项目	设计意图	材料收集
C区K2C	特色作品展	剪纸艺术	用12生肖的剪纸进行装饰	12生肖的剪纸
C区K4B	教室门口手工作品展板	纸袋手工作品	利用废旧纸袋做成各种动物	废旧纸袋
	绘画作品展	幼儿想象画	幼儿想象画	白纸
	手工作品展	剪纸作品	请幼儿用红纸剪成各种花样，将作品粘贴在废旧纸盘上再进行装饰	红纸、废旧纸盘
	特色作品展	瓶子艺术	将各种瓶子用麻绳整齐地进行缠绕	废旧瓶子、麻绳
C区K2D	教室门口手工作品展板	纸盒手工作品	用废旧纸盒做成各种汽车、小动物等再用碎布或小球进行装饰	废旧纸盒、碎布、小球
	绘画作品展	木板画	请幼儿用水彩笔在木板上作画，再涂上颜色	木板、水彩
	手工作品展	纸杯创意作品	用废旧纸杯做成各种小动物，再将小动物放在纸盒内	废旧纸杯、纸盒
	特色作品展	对称画	将宣纸对折，幼儿手指蘸颜料在宣纸上点画，作品干后再进行装饰	宣纸、颜料
C区楼梯展柜		树枝人偶	用各种不同的树枝做成人偶	树枝、胶枪
C区1~2楼楼梯墙壁		纽扣毛线粘贴画	将纽扣和毛线粘贴在KT板上，再用木框装裱	纽扣、毛线、木框、KT板
C区2~3楼楼梯墙壁		蜘蛛画	请幼儿用涂改液在黑色卡纸上画蜘蛛，再用木框进行装裱	涂改液、卡纸木框
C区楼梯大墙壁		毛绒大象	在KT板上画出大象简笔画，再用毛绒绳子进行粘贴	KT板、毛绒绳子

表6–3　三楼区域环创布置方案（分3个区域）

<table>
<tr><th colspan="2">区域</th><th>项目</th><th>设计意图</th><th>材料收集</th></tr>
<tr><td colspan="2">A区楼梯拐角处楼梯展柜</td><td>展示瓶子彩绘及沙瓶画</td><td>请幼儿在瓶子上彩绘，并用沙子和瓶子做成沙瓶画</td><td>瓶子、沙子</td></tr>
<tr><td colspan="2">A区K4E后门展板</td><td>纸盘青花瓷</td><td>请幼儿用蓝色的油性笔在纸盘上作画，做成青花瓷作品</td><td>油性笔、纸盘</td></tr>
<tr><td colspan="2">A区K4E前门大壁画</td><td>3D画</td><td>喷绘3D画</td><td>3D画</td></tr>
<tr><td colspan="2">A区走廊柱子</td><td>羽毛创意作品</td><td>用颜料在灯布上画成山水画，用羽毛装饰成房子，并用画框装裱</td><td>羽毛、灯布</td></tr>
<tr><td rowspan="4">A区K4E</td><td>教室门口手工作品展板</td><td>石头彩绘沙画</td><td>在KT板上涂上一层白乳胶，将细沙均匀撒在上面，再将彩绘好的石头粘贴在KT板上</td><td>石头、KT板、细沙</td></tr>
<tr><td>绘画作品展</td><td>格子大象画</td><td>线描画34幅，粘贴在展柜上</td><td>线描画</td></tr>
<tr><td>欣赏类作品</td><td>麻布作品</td><td>将麻布剪成正方形，在上面用毛线粘贴成花朵</td><td>麻绳</td></tr>
<tr><td>特色作品展</td><td>纸盘画</td><td>请幼儿用水彩笔在纸盘上作画，并涂色</td><td>纸盘、水彩笔</td></tr>
<tr><td rowspan="4">A区K4C</td><td>教室门口手工作品展板</td><td>叶子创意画</td><td>将叶子剪成自己想要的形状并粘贴在白纸上，再用油性笔在叶子旁进行想象添加成画</td><td>叶子、油性笔</td></tr>
<tr><td>绘画作品展</td><td>瓶子印象画</td><td>在白纸上用卡纸贴上瓶身，请幼儿在花瓶上画上美丽的花</td><td>白纸、卡纸、油性笔</td></tr>
<tr><td>手工作品展</td><td>斑马</td><td>在纸巾筒上贴上黑色的条纹即时贴，再将纸巾筒拼成斑马</td><td>纸巾筒、即时贴</td></tr>
<tr><td>特色作品展</td><td>彩泥纸盘画</td><td>将彩泥捏成各种形状并粘贴在纸盘上，再用勺子进行装饰</td><td>彩泥、纸盘、勺子</td></tr>
</table>

续表

区域		项目	设计意图	材料收集
A区K4D	教室门口手工作品展板	树枝创意作品	请幼儿将树枝涂成各种颜色，再将树枝创意地展示在展板上	树枝、颜料
	绘画作品展	叶子彩绘	在各种不同的叶子上彩绘，再凌乱地粘贴在KT板上	叶子、颜料、KT板
	手工作品展	瓶子线描画	将啤酒瓶、红酒瓶用白色颜料涂色，干了之后再请幼儿用水彩笔在上面作画	啤酒瓶、红酒瓶、颜料
	特色作品展	蜡笔画	请幼儿用蜡笔在宣纸上作画，再将画放在颜料中染色，等作品干了之后再进行装饰	宣纸、蜡笔、颜料
A区吊饰		染纸灯笼	将购买回来的染纸灯笼挂在挂钩上	染纸灯笼
A区2号楼梯大玻璃		纸板线条画	用记号笔在长方形纸板上面作画，再将纸板一块一块串起来做成挂饰	纸板、记号笔
A区走廊墙壁		幼儿特色作品	一共分6块展板，将幼儿的作品以展板的形式挂在墙壁挂钩上	幼儿作品、KT板
A区走廊栅栏		植物吊篮	将植物吊篮挂在栅栏上	植物吊篮
B区楼梯左拐角处楼梯展柜		树枝人偶	用各种不同的树枝做成人偶	树枝、胶枪
B区楼梯左拐角处楼梯墙壁		线槽拼贴画	在墙壁上画好大象简笔画，用废旧的线槽进行拼贴，拼好后再将大象涂上颜色，用一些树枝进行装饰	废旧的线槽、树枝、颜料
B区杰立卡外墙		动物王国	在墙壁上画好动物简笔画，再涂上颜色	颜料
B区K4D后门展板		木板时钟	给木板时钟涂色，干了之后挂展板上	木板时钟、颜色

续 表

区域	项目	设计意图	材料收集
B区走廊墙壁	幼儿特色作品	一共分6块展板，将幼儿的作品以展板的形式粘贴在墙壁上	幼儿作品、KT板
B区吊饰	大象和足球	用白乳胶在废旧的篮球外粘上几层宣纸，干了之后用颜料将其涂成足球状，再用线串起来，下面吊上各国国旗，将足球和大象交错吊在挂钩上	废旧篮球、宣纸、颜料、大象、喷绘各国国旗
B区楼梯右展柜	电线人偶	用电线做成人偶	电线
B区走廊栅栏	植物吊篮	将植物吊篮挂在栅栏上	植物吊篮
B区楼梯右拐角处墙壁	展示布艺	布艺画	布
C区走廊柱子	国画作品	将幼儿的国画作品用画框进行装裱	国画作品
C区吊饰	树枝灯笼	在长方形的纸板上画上简笔画，用白色小块KT板粘贴，再给其涂上各种颜色，将4块KT板粘成一个灯笼，在灯笼的下方吊上树枝，做成树枝灯笼	废旧纸板、树枝、KT板、颜料
C区走廊栅栏	植物吊篮	将植物吊篮挂在栅栏上	植物吊篮
C区剧院门口展板	活动照片展	幼儿园演出的活动照片	收集照片
C区楼梯拐角墙壁	鸡蛋彩绘	在大KT板上贴上各种颜色的毛绒线，将彩绘好的鸡蛋用小KT板固定在大KT板上	鸡蛋、KT板、颜料
C区楼梯展柜	木条彩绘	在木条上彩绘，干了后再用彩带装饰	木条、彩带

续 表

区域		项目	设计意图	材料收集
A区 K4A	教室门口手工作品展板	蛋壳彩绘	在完整的蛋壳上进行彩绘，将其摆放在装有纸屑的纸盒中，将纸盒固定在展柜上	废旧蛋壳、纸盒、颜料
	绘画作品展	油桶、瓶子线描画	将油桶和洗衣液瓶子用白色的颜料涂色，干了后请幼儿用油性笔在上面作画	废旧油桶、洗衣液瓶子、颜料
	手工作品展	布艺作品	请幼儿用各种废旧的碎布拼贴成各种图形，用纽扣、花或丝带进行装饰，将作品展示在展板上	废旧的碎布、纽扣、花、丝带
	特色作品展	瓶盖画	请幼儿将瓶盖贴在白纸上，在瓶盖旁进行想象添加成一幅完整的画	废旧瓶盖、白纸

后记

本书付梓之际，李丽英园长工作室也将走过六度春秋。

2015年和2018年，我十分荣幸地被授予广东省首轮和第二轮园长工作室主持人称号，这是一份荣誉，更是一份责任与期许。近六年来，在广东省教育厅和东莞市教育局的领导下，工作室从无到有，在未知中不断探索着前行。从稚嫩走向成熟，从期待走向充实，从探索走向收获，每一步都走得扎实而坚定。回望过去六年，我们一路走来，一路花香；喜悦和着汗水，成长伴着艰辛，充分发挥了工作室的示范辐射和引领作用，为推动我市乃至全国幼儿教育的发展做出了贡献。

诚挚感谢工作室参与研究的园长和教师们。她们始终站在幼儿园的视角，用自己主动的思考和行动诠释着园本课程建设的真切内涵，竭尽全力，孜孜以求，让我无限感动；她们始终坚守以幼儿发展为本，在实践中执着地探寻和遵循幼儿发展的规律，直面问题，敢于挑战，让我无限敬佩；她们始终坚持“精耕细作”，为课程的研究付出智慧和心血，让园本课程更具生命力，并收获了丰硕的成果，让我无限感激。

园本课程是做出来的，而不是写出来的。其实建立园本课程并不难，只要找到适宜的理论支点，结合本园的实际情况及孩子学习现状，融合本土的文化和资源，就会建立起适合本园、本班的课程。但是这需要我们用实事求是的精神，将理论与实践相结合，与孩子共同建构属于我们的课程，共同成长。我们的园本课程是慢慢地发展起来的，不是园长拍拍脑袋想出来的，也不是因为流行建立园本课程，就可以跟风出来，而是经历不断地酝酿逐步建立起来的。

华东师范大学教授朱家雄认为：“选择幼儿园课程就像选衣服一样，要得体并能修改，结合自己的实际选择合适的课程方案，会改造生成，让课程更加适合自己。”我是一名园本课程探索、研究和建设的亲历者。随着研究的深入，我日渐明晰：世界上不存在一种最好的课程能适合所有的幼儿园，相反，适合自己幼儿园的课程就是最好的课程；园本课程可以多样化，但核心的标准是共同的，那就是最有利于幼儿的全面和谐发展。

本书仅是园本课程探索的阶段性研究成果。园本课程的建设是动态的、发展的，也是一个不断走向科学、走向成熟的过程。前行的道路依旧漫长，我们将继续携手，在幼儿教育的天地里，用心钻研，执着前行！

由于时间和水平有限，有待完善之处在所难免，敬请读者朋友雅正，不胜感激！

李丽英

2020年6月20日